白洲次郎
100の言葉
逆境を乗り越える
ための心得

別冊宝島編集部　編

宝島社

白洲次郎 100の言葉

別冊宝島編集部 編

目次

第1章 交渉

第2章 改革

白洲次郎100の言葉

目次

白洲次郎
100の言葉

目次

白洲次郎 100の言葉 目次

第5章 こだわり

白洲次郎
100の言葉 目次

●本文中、写真は言葉の内容や時期と合致していない場合があります。また、敬称は略しています。
●掲載している言葉の中には、主旨を変えることなく抜粋・中略等を行っている場合があります。
また、カバー・帯では紙面の都合もあり、さらに一部を抜粋・中略してご紹介しているものがあります。

編集協力：武相荘
村田知子（STUDIO DUNK）
執筆協力：齋藤 勲、池田一郎
カバー写真：武相荘
カバーデザイン：妹尾善史（landfish）
本文デザイン：坂口康久（NOKTON）
本文DTP：中島由希子

第1章 交渉

次郎の言葉 1

奴隷にはならない

我々は戦争には負けたが
奴隷になったのではない！

敗戦後、ＧＨＱの統治下に置かれ、すっかり意気消沈し、卑屈になる政治家や役人が多かった中で、決然としてＧＨＱと渡り合った白洲次郎の言葉である。

「しょせん平和な世の中に通用する人間ではなかった。性格的にも乱世に生き甲斐を感じるような野人」とは、妻・正子が次郎を評した言葉である。

窮地に置かれ、人としての尊厳が問われるときにこそ、真価を発揮した次郎の人柄とブレない心意気をよく表している。

従順ならざる日本人

ＧＨＱに抵抗らしい抵抗をした日本人がいたとすれば、ただ二人。一人は吉田茂であり、もう一人はこのぼくだ。

次郎とともにGHQと交渉にあたった吉田茂

文字通り「無条件降伏」の占領下。いわば全能の権威を持って横暴な要求を突きつけるＧＨＱに対して、戦後日本の命運をかけて戦い続けたのが次郎であり、吉田茂である。

過酷な状況下、決して臆することなく堂々とＧＨＱと渡り合う。それを支えていたのは、相手が誰であれ、物事の〝筋を通す〟という次郎の姿勢だ。それは一貫してブレることなく、次郎はＧＨＱをして「唯一、従順ならざる日本人」と呼ばれることになるのである。

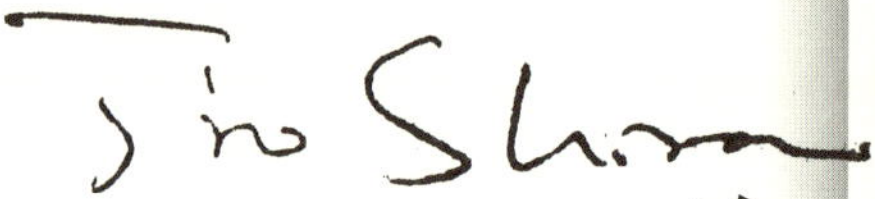

公平に考える

我が国の占領が米国による占領であったことは最悪中の最善であったとはっきり言える。

後日、「思い出そうとしただけでも憂鬱になる」と述べているように、次郎にとって占領時の出来事は心の底から不愉快なものであった。しかし、それでも占領政策で〝公平に考えて〟忘れてはならないことがある。それは終戦後、極度に食料が欠乏していた中で、占領国であった米国がとにかく飢え死にしないだけの食料をくれたこと、だと言う。物事の判断において常に〝公平〟という尺度を見失わない、次郎らしさが見て取れる発言だ。

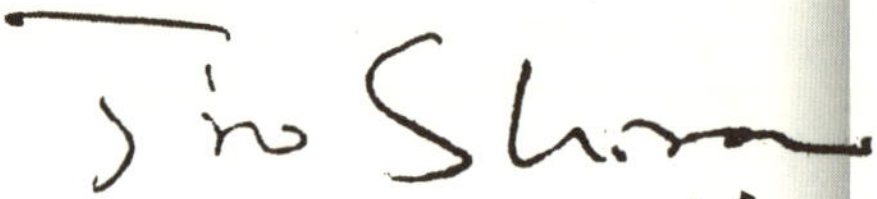

次郎の言葉 4

悔しさを忘れぬこと

力をつくって
今に見ていろという気迫を
皆で持とうではないか。

相手や状況によって言うことを変えない――次郎の態度はどんなときも一貫していた。「プリンシプル」に則るとはそういうことだ。「弱い奴が強い奴に抑えつけられるのは世の常で致し方なしとしても、言うことだけは堂々と正しいことを言うべきだ」とも述べている。言い分が通らなかったとしても、それは力が足りなかったから。

そして、その悔しさを忘れぬことが大切だという。負け犬根性と真逆を向く、次郎の気迫がここにある。

次郎の言葉 5 先を読んで駆け引きする

こういう際は、何事も拙速を尊びます。

大日本帝国憲法に替わる新しい民主憲法の草案作成を進める憲法学者、佐々木惣一博士に、次郎が催促した言葉だ。

当初、日本のイニシアチブのもと草案を作成しようとしたマッカーサーだが、一人情報戦を戦い、アメリカの世論なども掴んでいた次郎は、方針が急変する可能性も充分察知していたのだ。プリンシプルを尊ぶ一方で、情報を分析し、タイムリミットを見て駆け引きをする。リアリストとしての姿が見て取れよう。

次郎の言葉 6 歴史に明示すべし

占領軍の言いなりになったのではない、ということを国民に見せるためにあえて極端に行動しているんだ。

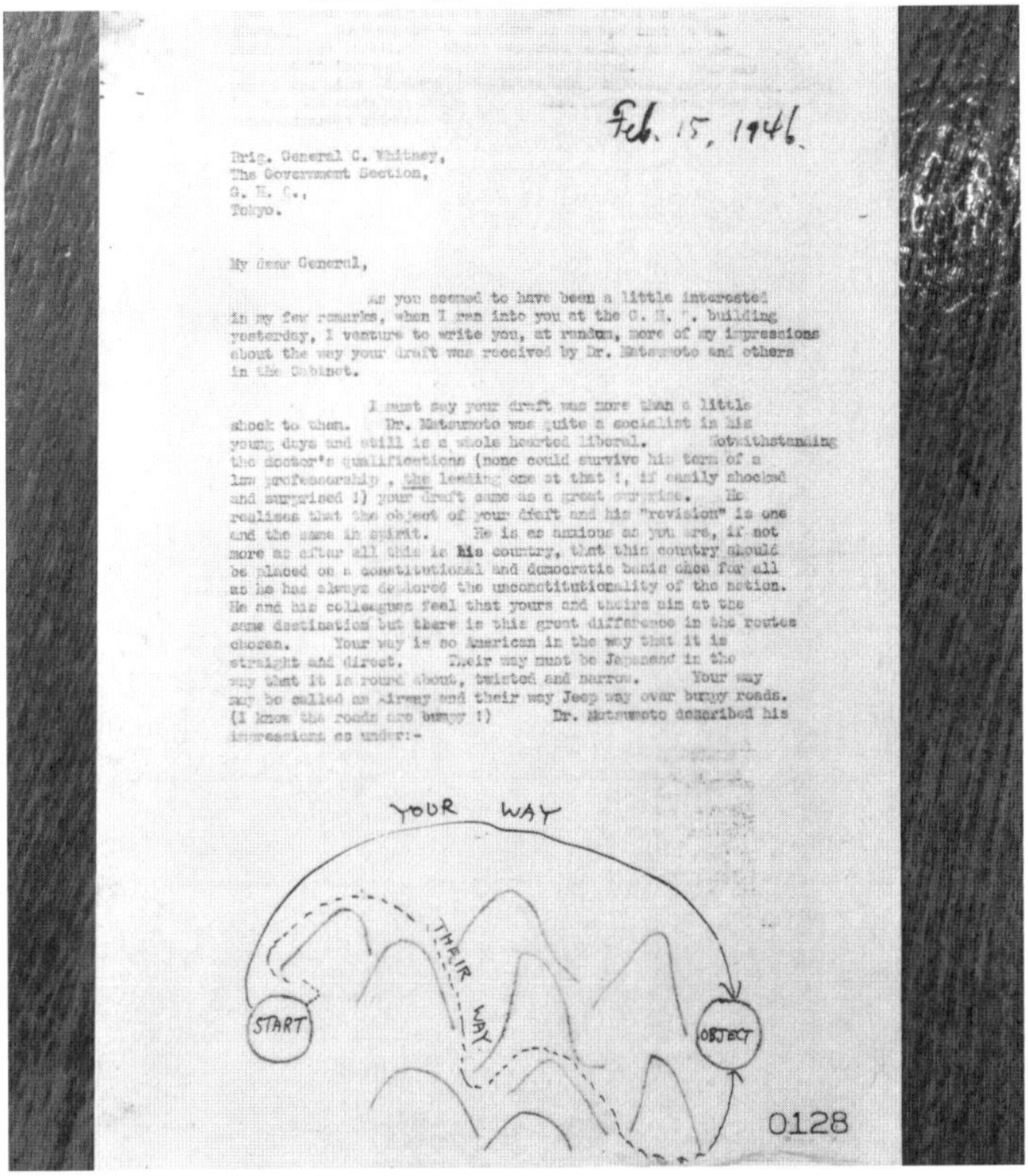

Feb. 15, 1946.

Brig. General C. Whitney,
The Government Section,
G. H. Q.,
Tokyo.

My dear General,

As you seemed to have been a little interested in my few remarks, when I ran into you at the G. H. Q. building yesterday, I venture to write you, at random, more of my impressions about the way your draft was received by Dr. Matsumoto and others in the Cabinet.

I must say your draft was more than a little shock to them. Dr. Matsumoto was quite a socialist in his young days and still is a whole hearted liberal. Notwithstanding the doctor's qualifications (none could survive his term of a law professorship , the leading one at that !, if easily shocked and surprised !) your draft came as a great surprise. He realises that the object of your draft and his "revision" is one and the same in spirit. He is as anxious as you are, if not more as after all this is his country, that this country should be placed on a constitutional and democratic basis once for all as he has always deplored the unconstitutionality of the nation. He and his colleagues feel that yours and theirs aim at the same destination but there is this great difference in the routes chosen. Your way is so American in the way that it is straight and direct. Their way must be Japanese in the way that it is round about, twisted and narrow. Your way may be called an Airway and their way Jeep way over bumpy roads. (I know the roads are bumpy !) Dr. Matsumoto described his impressions as under:-

憲法改正に待ったをかけようとGHQに送った書簡「ジープウェイ・レター」

次郎にとって生涯最大の負け戦は、日本国憲法制定をめぐるＧＨＱとの戦いだったと言っていいだろう。ＧＨＱから手交《しゅこう》された、いわゆる〝マッカーサー草案〟。次郎はそこにほぼ交渉の余地はないだろうということはわかっていた。

しかし、あえて勝ち目のない戦いに何度も赴き、憎い相手に頭を下げた。それは、占領軍の言いなりになったのではない、為政者があれだけ抵抗したんだ、ということを歴史に残す必要があると思ったからである。

重要なのは
輸出マインドだ。

読売新聞/アフロ

戦後の荒廃にある日本復興のためには何が必要なのか。資源が乏しい島国が世界に伍していくためには、「これまでの国内産業の復興・育成を中心とした発想から、輸出行政があって産業行政があるというふうに考え方を改めなくてはいかん」——吉田茂と次郎は、そのために実力のある巨大省庁「商工省」を廃し、「通商産業省」を創設する。

既存の枠組みに縛られず将来を見据えた先見性と、それを実行に移した行動力。次郎の面目躍如である。

Jiro Shima

次郎の言葉 8 困難と覚悟

こんなことに
敗けるものかという
気持ちが一番大切。

日本の復興のためには、いかに早く、いかに大規模な電源開発をし、安定的な電力供給を確保するかが大切だ——そうした思いから次郎は電気事業の再編成に取り組む。さらに東北電力会長に就任。自ら先頭に立って難事業に立ち向かっている。敗戦で日本も国民も困窮し、さまざまな困難が前途にあるのは百も承知。だからこそ、と就任挨拶で社内報に寄稿した言葉だ。

熱い気持ちを持ってともに立とうという、次郎の覚悟が伝わってくる。

次郎の言葉 9

譲れないこと

小笠原や沖縄の人たちの気持ちにもなってみろ！

講和会議のIDカード

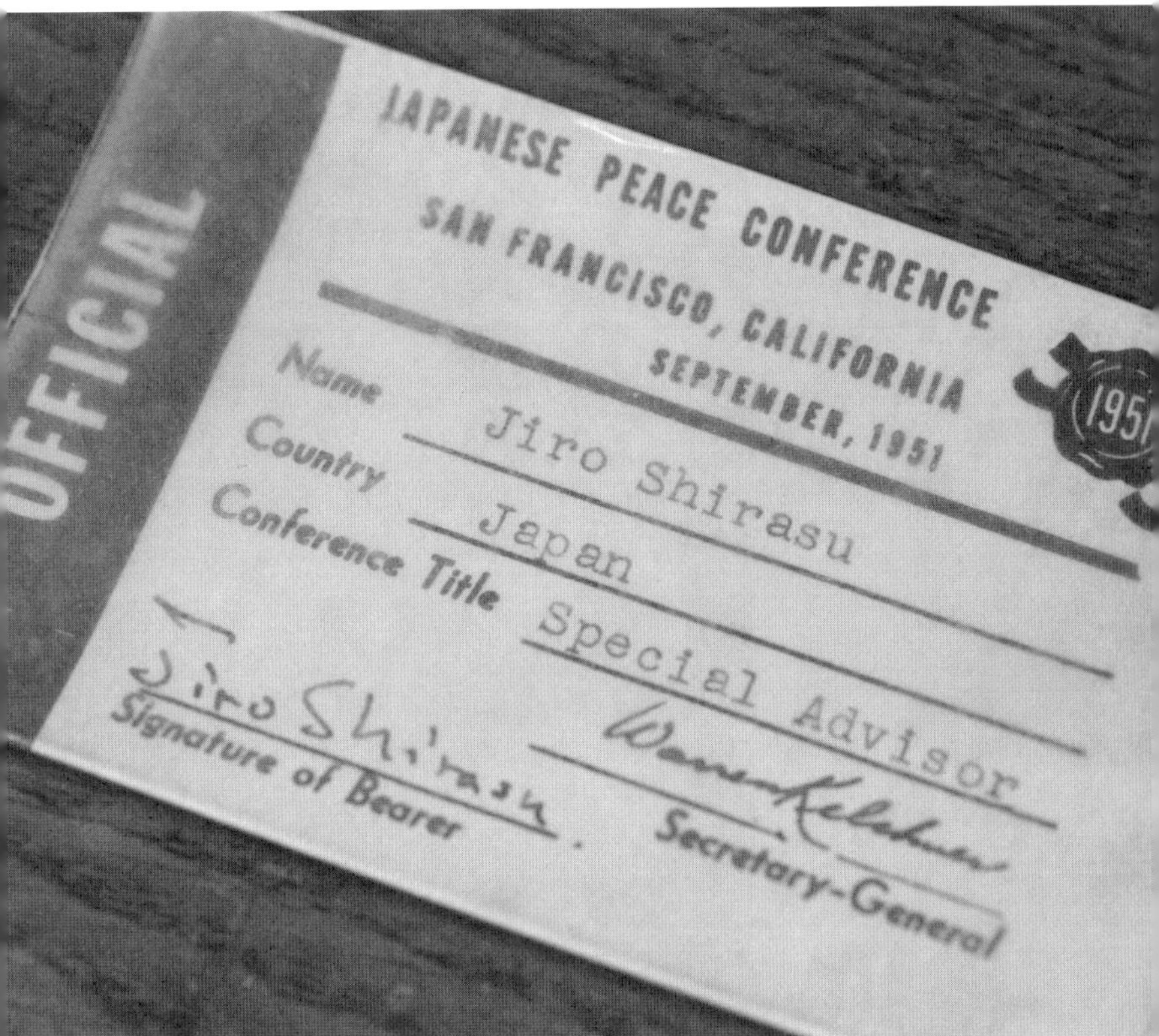

昭和26（1951）年9月8日、サンフランシスコ講和条約に調印する。講話による独立の回復は悲願であった。ただし、独立を回復すればそれでよいわけではない。その下交渉にも携わった次郎は、沖縄や小笠原諸島などの返還、米軍基地の撤廃等にこだわった。とりわけ、戦争で多大な犠牲を払った沖縄の人たちへの思いは強かった。

独立とは国としての誇りを取り戻すこと。そのためには譲れないことがあると考えていた。

次郎の言葉 10 立場を明確に

俺は天皇のために
働いたのではない。
国民のために働いたんだ。

サンフランシスコ講和条約に調印する吉田茂

サンフランシスコ講和条約締結に尽力し、帰国した全権団に対し、その労をねぎらうために天皇が茶会を開催し、次郎にも招待状が届いた。

しかし、次郎はていねいに出席を辞退したという。その後、叙勲の話もあったが、これも辞退している。また、講和条約が批准される前に「〝朕、戦いを宣す〟と言ったことに責任を持って、天皇にはご退位願うべき」と提言もしている。常に立場を明確に、曖昧さを許さないのが次郎流である。

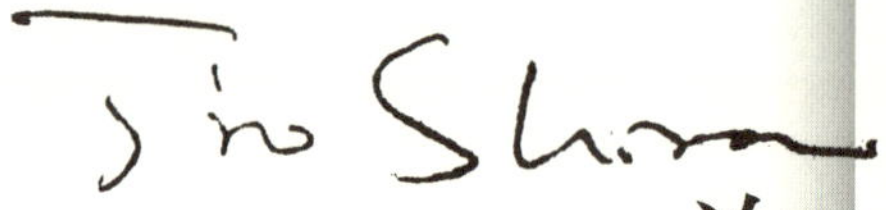

次郎の言葉 11
対等に向かい合う

ようやく戦勝国と対等の
立場になれる会議で、
その晴れの日の原稿を、
相手の承諾を得て
相手国の言葉で書く奴が
どこにいるんだ！

次郎の天敵となったGHQのケーディス中佐

近現代PL/アフロ

サンフランシスコ講和条約で首席全権として吉田茂が行う受諾演説。その原稿を目にしたとき、烈火のごとく怒り、口にした言葉である。外務省の職員が用意した原稿は英文であり、GHQ外交部にチェックしてもらってあるという。次郎にはその〝植民地根性〟が許せなかった。

国を代表して対峙する以上、誇りを失わず常に「対等」に向かい合う。長らく続いた占領下においても、次郎の中で常に変わらなかった姿勢である。

責任と熱意

熱意だよ。
日本でも明治維新のときの
政治家とか実業家は、
熱意があったから
あれだけの仕事が
できたんだね。

熱意とは、自分が全責任を負うという覚悟で、「こりゃ大変だ、一生懸命やらなきゃいかん」という気概を持って臨むことだという。一方で、ともすれば現実の問題に頬かぶりをし、「まあまあ」で丸く収めようとする日本の経済人の甘さを次郎は批判している。

日本の復興という大仕事をやってのけるためには、昔の武士や明治維新ころまでの日本人が持っていた、そうした〝熱意〟を今一度取り戻す必要があるというのである。

読売新聞/アフロ

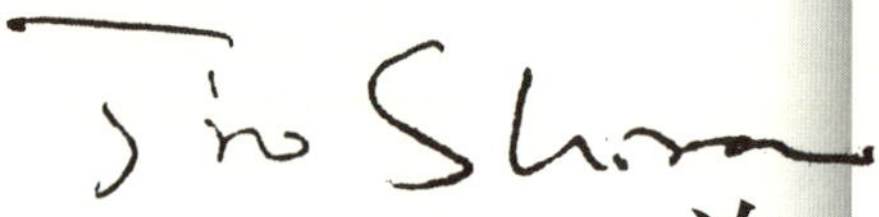

次郎の言葉 13 見せかけの復興

現在の日本の
復興ぶりなどということは、
クリスマス・ツリーみたいなもので、
悲しいかな
あのクリスマス・ツリーには
根がない。

戦後、焼け野原と化した東京

Everett Collection/アフロ

日本の復興のたどたどしさ、危うさについて、次郎は鋭く指摘している。あれだけの戦争をやって、国力をほとんど消耗してそんな「目覚ましい」復興が安易に有り得るとは思わない。一見きれいに見えても根がないクリスマス・ツリーは育たないし、きっと枯れる。
一番大切なことは、現在日本が置かれている状況に対して盲目にならず、真剣に認識すること。すべてが消失したあとにかすかに残った土台からやり直そうと言うのである。

次郎の言葉 14 政治と先手

事なかれ主義、
石橋を叩いて渡らん主義は
官僚の出世の極意かもしれんが、
政治家にそれをやられたのでは
国民はたまらん。

昭和28（1953）年は全国的な大凶作で、米不足が深刻化した。しかし、遅くとも9月下旬には凶作の見通しはあったはずで、なぜその時点で政府は米の輸入の手配をしなかったのか、と言うのである。事態が確定してからでは買い付けの値も上がる。情報を収集し、先を読み、先手を打つ。それが次郎のやり方だ。

対して、何事によらず政府のやることは後手後手で、リスクを取ろうとしない。そのやり方を批判しているのである。

次郎の言葉 15

戦後は永久に続く

私は「戦後」というものはちょっとやそっとで消失するものだとは思わない。前の戦争が厳然たる事実である限り、歴史の一頁は永久に残ると考える。

終戦連絡中央事務局次長への任命書

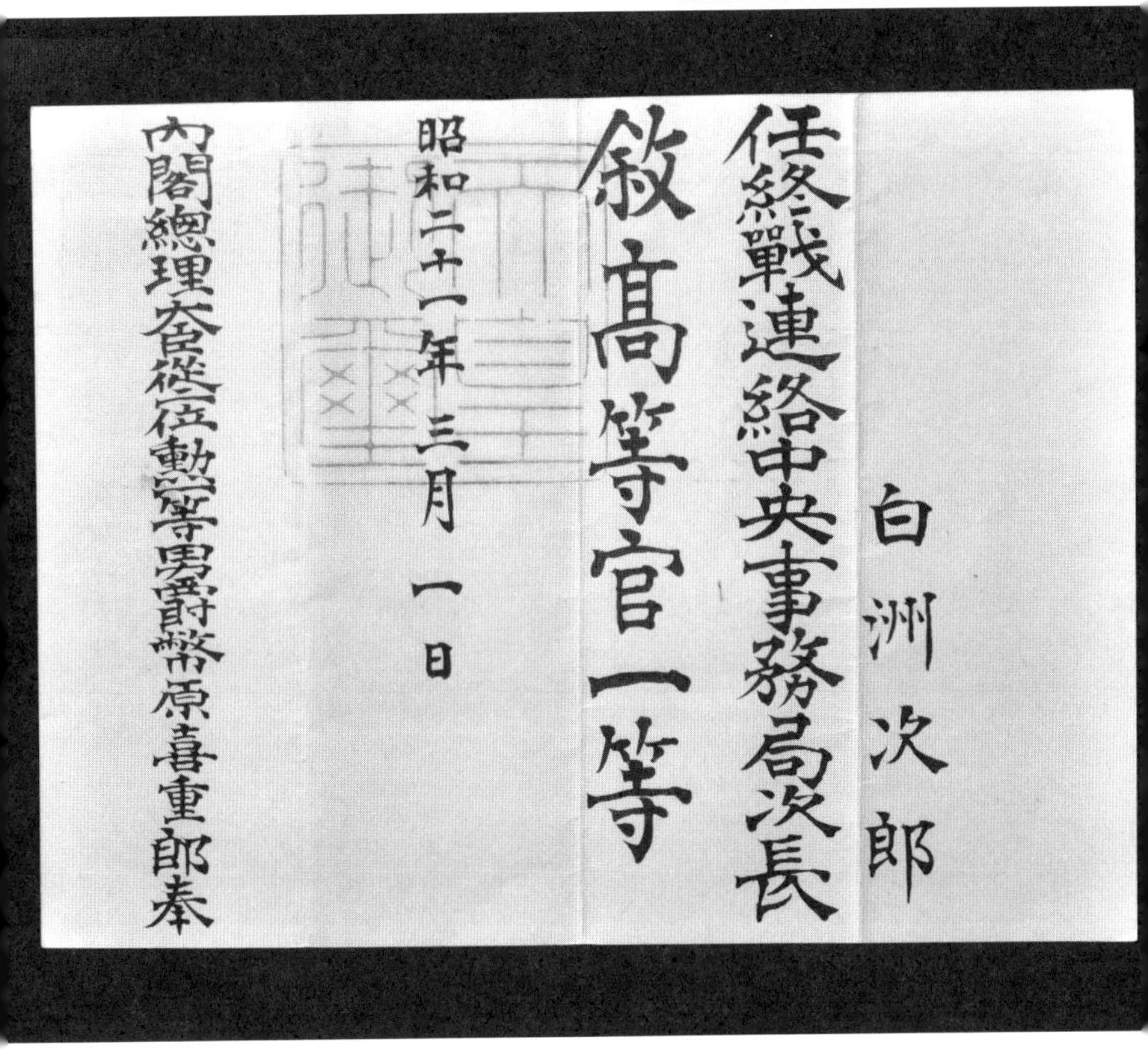
白洲次郎
任終戦連絡中央事務局次長
叙高等官一等
昭和二十一年三月一日
内閣総理大臣従二位勲一等男爵幣原喜重郎奉

時間の経過をもって、あるいは経済の復興をもって「戦後」が終わるとは次郎は考えない。前の戦争とそれに続く戦後処理の時代が残したものをきちんと乗り越えなくては何も終わらないと言うのだ。

次郎の言葉で言えば、占領軍からのお土産である新憲法やデモクラシー、それを声高らかに唱えるなら、それらが心の底から本当に自分のものになったときにおいて、初めて「戦後」は終わったと自己満足してよいと言うのだ。

いいものはいい

新憲法のプリンシプルは
立派なものである、（中略）
押し付けられようが、
そうでなかろうが、
いいものはいいと率直に
受け入れるべきではないだろうか。

新憲法、すなわち現在の日本国憲法について、歴史上の事実として、占領軍によって強制されたものであると明示すべきだと次郎は語っている。ただし、その成立の経緯は別として、そのプリンシプルは立派であると評価している。「戦争放棄の条項などはその圧巻である」と言う。

歴史的事実を都合よくごまかすことは決してあってはならない。その上で、いいものはいいと率直に受け入れればよい。その論理は明確である。

次郎の言葉 17 コウモリガサ

カサをさしてやった相手が
手ぶらで金もうけをしたのでは
さした奴はあまり
愉快ではないだろう。

講和会議から帰国した全権団

雨の日に他人が濡れないようにカサをさしてやることを、英語では「コウモリガサをさす」と言う。言うまでもなく、日米安保のことを指しているのであり、人にカサをささせておいて、自分はちゃっかり金もうけという構造になっていると指摘している。

戦争放棄の憲法や、米軍基地の駐留の是非を問う前に、実際になぜもっと具体的に数字で国民に説明しないのか。まず議論の前提を明示しなくては本質を見誤ると言うのである。

大きくなる嘘

戦争前は日本の全部が
自己陶酔だね、一種の。
初めはちっちゃな嘘なんだ。
ちっちゃな嘘をついて、
それがバレそうになると、
だんだん嘘を大きくしてゆくんだな。

戦前の東京・神田にできた聖橋

毎日新聞社/アフロ

軍部、政治家、やがてはマスコミなども含め、まわり始めた歯車が加速することを止めることができずに、やがて戦争へと突入していった日本の姿を的確に述べている。

しかし、日本が緒戦の勝利に浮かれる中でも、冷静さを失わず、「この戦争は必ず負け、東京は灰燼に帰すだろう」と予言していたのが次郎だ。机上の計算に惑わされることなく、情勢に対する現実的な分析と、先を読み判断する力。それが次郎の力であった。

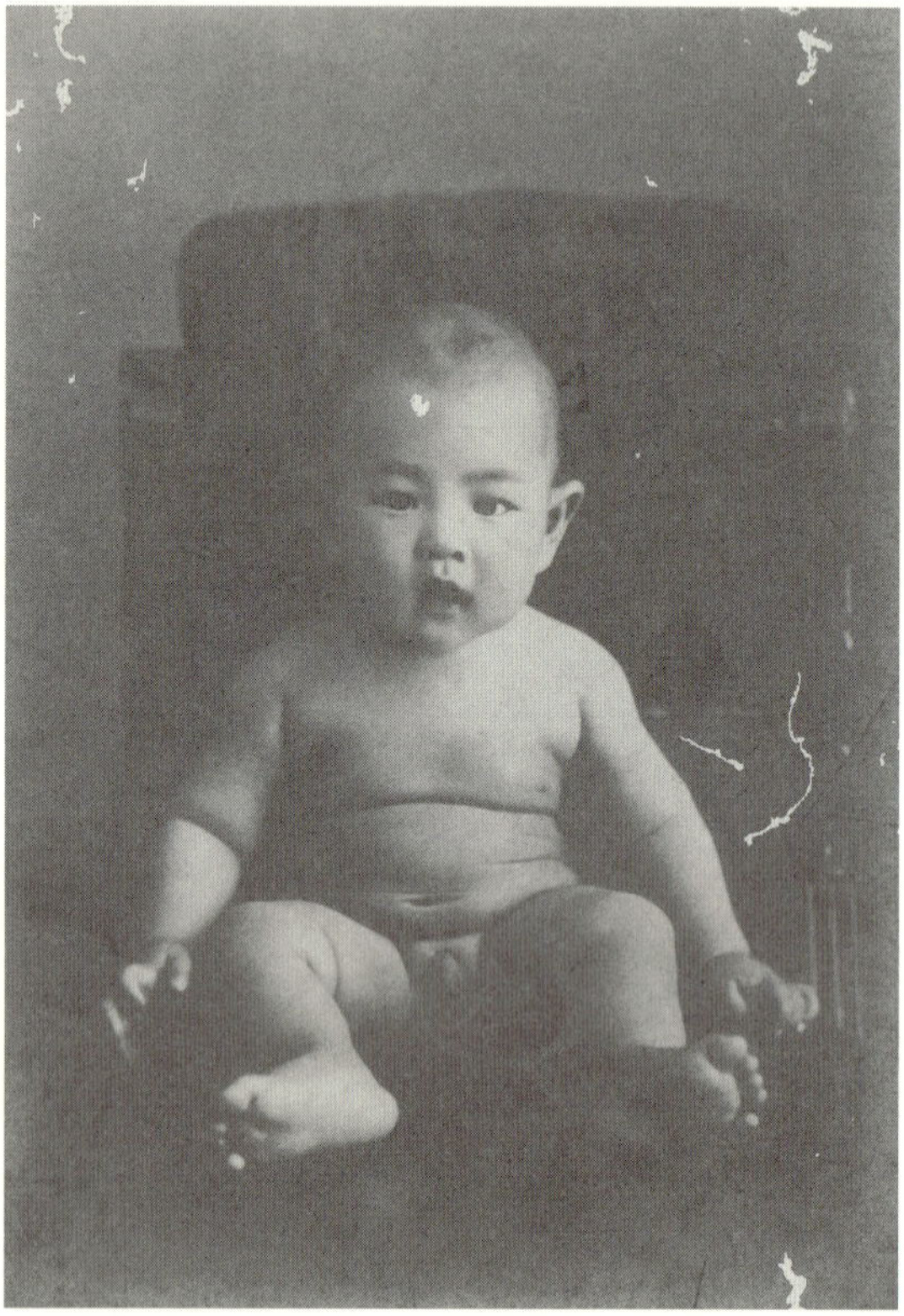

白洲次郎　明治35（1902）年2月17日誕生

第2章 改革

恩恵は地元に

水利は国家の
資源じゃないか。

東北電力会長となった次郎の姿は、よくダム工事現場で見られたという。ヘルメットにサングラスで作業員たちと談笑する姿は、いかにも現場の人々を大切にする次郎らしい。

この言葉には、地方で起こした電気を大量消費地である都会に持っていこうという議論に対して、「まずその恩恵にあずかるべきは、最も生活に影響を受ける地元の人たちであるべき」と続く。利権や利己的な主張を嫌い、公平を重んずる次郎らしい。

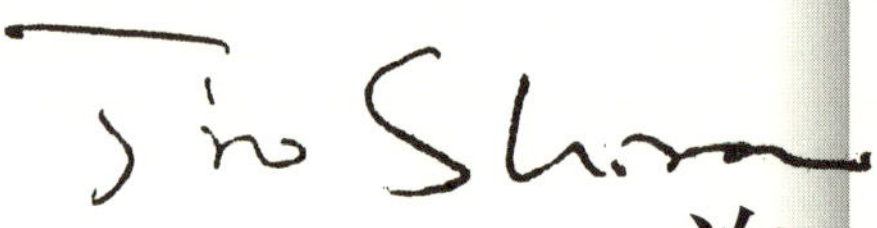

次郎の言葉 20

言いたいことは言う

人様に、叱られたり、
とやかく言われたくらいで、
引っ込む心臓は
持ち合わせていない。

「正しいことは正しい」「言いたいことは言う」、これは誰に対しても変わらない、白洲次郎という人物に一貫した態度だ。

ある時期、次郎は雑誌『文藝春秋』に連載していたことがあるが、「勝手放題、気儘放題の言いたい放題でずいぶんそこら辺でお叱りを受けたものだ」と述べている。それでいて、久しぶりに寄稿する際に発しているのがこの言葉なのである。

こうなると、むしろそうした〝お叱り〟自体も楽しんでいる節もある。

次郎の言葉 21

メトロのライオン

ユー・アー・レイト！
（遅いぞ）

世界的な投資銀行S・Gウォーバーグの東京支社長、クリストファー・パービスが軽井沢に初めて次郎を訪ねたときのこと。彼が約束に10分ほど遅れてくると「ユー・アー・レイト！」と一喝した。日本人なら約束の10分前には着いているというのだ。かねてから次郎には、メトロのライオン（メトロ社の映画の冒頭で吠えるライオン）というあだ名があった。初対面の相手にはいきなり噛みついて、人を試す。それが、次郎流の交渉術なのだ。

次郎の言葉 22 生粋のリベラリスト

自由競争するからこそ
経済は発展する。

次郎は生粋のリベラリストである。占領下において、あらゆる物資は公定価格と配給制度が取られ、日本経済の片方の足はアメリカの援助に、もう一方は国内の補助金制度に乗っていた。これでは本当の自立など不可能である。

勤勉な日本人には、本来自由競争こそ向くと次郎は考えていたが、それには相応の痛みも伴う。そして、自由には覚悟が伴うもの。それを明確に自覚した上でその分働こう。次郎の答えは明快であった。

来日したGHQ財政経済顧問ジョセフ・ドッジを迎える次郎

外交官の仕事ぶり

日本の大公使が仕事ぶりを非難されると、決まって外務省は金を充分にくれないからと言う。ところが、そういう連中が帰ってくると、いつの間にか立派な家を建てているのだ。

サンフランシスコ講和条約の会合の席でスピーチする吉田茂と次郎（写真右）

外務省外交史料館

次郎は、私利私欲に端を発した行動で公私混同する輩や、保身にばかり走る人間を何よりも嫌っていた。彼の目からすれば、多くの外交官のあり方も目に余るものであり、例外ではない。吉田茂も元来外交官であったが、その違いをこんなふうに語っている。

「吉田さんは、昔から金のかかる人だが、その上に困っている友達の世話をしてるし、貧乏になる一方である」

信を置く部分がどこにあるか、その対比が面白い。

次郎の言葉 24 引き際を誤るな

**使命が終われば
やめるがよろしい。**

白洲次郎ほど出処進退の美学が徹底した人物もなかなかいない。自らはもちろん、盟友・吉田茂への諫言《かんげん》にもそれは見て取れる。サンフランシスコ講和条約調印からの帰途、飛行機の中で次郎は語っている。

「政治的なあなたの役目はこれで終わったんです。あとは後進に譲ってゆっくりなさってください」

自らは通産省立ち上げの際も、電力事業再編においても、難事業を完遂するとさっさと去っている。その引き際は実に鮮やかだ。

次郎の言葉 25 金の使い方

**金をもうけるのは一代でできる。
金を失うのも一代でできる。
だけど金の使い方を
覚えるのは三代かかる。**

男たるもの、お金の使い方に潔さはあっても、卑しさがあってはならない。次郎は、ある種の財界人を次のように嫌っていた。

「困ったときだけ大変だ大変だと大騒ぎして、政府に泣きついてくるが、それでもうかったときは知らぬ顔の半兵衛を決め込む。プリンシプルもなく、走り出したバスに飛び乗るのがうまいだけだ」

恥を知り、自らを律することのできる人間でなくては、きれいなお金の使い方はできないのだ。

©藤本四八

次郎の言葉 26
煙たがられてこそ本物

人に好かれようと思って
仕事をするな。
むしろ半分の人間に
積極的に嫌われるように
努力しないと
ちゃんとした仕事はできねえぞ。

次郎がいつも口にした「プリンシプルが大事」という意味は、状況や相手によらず常に〝筋を通す〟ということ。周囲に惑わされず、こうと思ったら譲らない、そうした姿勢を貫けば、当然煙たがられる場面も出てくる。だが、あえてそうした生き方をすることによって初めて本物の仕事ができるというのだ。

次郎はまた「リーダーたるべき人間は好かれたら終わり。7割の人間に煙たがられなければ本物ではない」とも言っている。

Jiro Shirasu

次郎の言葉 27 打算なき正義感

ボクは人から、アカデミックな、プリミティヴ（素朴）な正義感をふりまわされるのは困る、とよくいわれる。しかしボクにはそれが貴いものだと思っている。

読売新聞/アフロ

白洲次郎の生き方の根底を貫いているもの、それは本人も語っているように〝プリミティヴな正義感〟である。さらに、右の言葉には次のような言葉が続く。「他の人には幼稚なものかもしれんが、これだけは死ぬまで捨てない。ボクの幼稚な正義感にさわるものは、みんなフッとばしてしまう」。

そこにあるのは、ある種の使命感であり、打算なき正義感。それがときに怒りとして爆発する。その姿には類い稀な清涼感さえある。

次郎の言葉 28 黙して語らず

**僕はねえ、
口が堅いから
ここまで生きて
こられたんだ。**

晩年、妻・正子の「後々の日本のために、次郎さんしか知らない体験を、誰かに書き残させては？」という問いかけに、次郎は次のように答えている。

「やっぱりやめた。所詮歴史というのは、今生きている人が自分の都合のよいように解釈して利用するものだ。第一、俺が今しゃべったら、困る人がまだ大勢生きている」。

自己弁護も、アリバイも一切主張せず。黙して去っていく。それが白洲次郎という男の生き方だった。

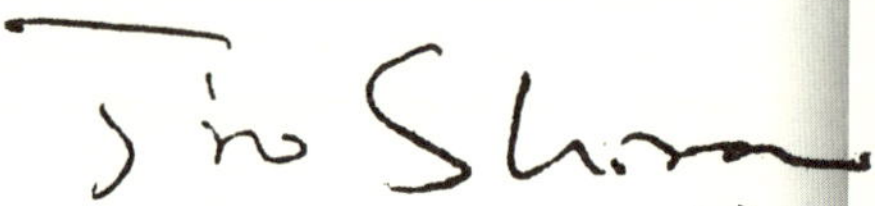

〝役損〟

地位が上がるほど、役得ではなく、〝役損〟が増えることを覚えておけ。

自らランドローバーを運転し現場へと向かう

これは、帝国ホテル元社長の犬丸一郎に、社長就任のはなむけとして、次郎がかけた言葉だ。公私混同して役得でおいしい思いをするなどは言語道断。余計に襟を正して、むしろ下の者の面倒をきちんと見るくらいでなくては、人の上に立つ資格はない。

次郎自身、初代の貿易庁長官や東北電力会長をはじめ、数々の役職を歴任している。多くの役得がついてまわったはずだがすべて退け、公私混同することはなかったという。

次郎の言葉 30 役人根性

**数字だけ帳尻合わせて
安心する
役人根性は
捨てるんだ。**

次郎は役人嫌いでも有名だった。終戦後、昨日まで軍部に頭を下げていたはずが、GHQが実権を握ればさしたる抵抗も見せずに言いなりになる。そんな姿勢は次郎の最も嫌うところだ。仕事においては過去の経験や従来のやり方にこだわるところも納得がいかない。

不要なものがあれば潰せばよいし、必要なものがあれば新たに起こせばよい。きわめて合理的、既存の枠組みに囚われることのない次郎と役人とはたしかに水と油と言ってもよいだろう。

近現代PL/アフロ

GHQを出るマッカーサー

次郎の言葉 31

臭い物は外へ

臭い物は蓋をしないで、いつか始末しなきゃならないんだから、外へ出したらいいんだ。

羽田空港で英国政府高官を迎える次郎

臭い物＝問題を見て見ぬ振りをして先送りにし、「まあまあ」で丸く収めようとする――そういう日本的なやり方を次郎は批判する。誰も本当のことを言わないのではまずい。それが好ましくない事実であれ何であれ、はっきりさせることによって初めて将来や解決に繋がっていく。

プリンシプルに則って物事を考える次郎にとってみれば、当たり前のことであり、そうでなくては国際的に通用しないということもよく知っていた。

次郎の言葉 32

よくするほかに途がない

どうしたらよくなるか、
それを工夫してゆくより
しょうがないじゃないか。
よくなるとかならんというよりも
よくするほかに途がないことを
認識するべきだ。

次郎は楽観主義者ではない。日本の現状が悪いのならば、まずそれをしっかり認識すべきだという。そうして悪い状況を認識したならば、それをよくしていく、どうやったら国民が幸福になるかそのために工夫していくしかない、というのである。

　よくなるかならないかなどと案じている方がよっぽど無責任。いろいろ障害はあってもそうした意志を持てば、「人間の決心」というのは強いものだとも次郎は述べている。

次郎が愛用したロレックスの時計とライター

次郎の言葉 33 現実を直視せよ

自分自身を反省すべきだと思う。
私など、この自分の反省の不足に
毎日毎日悩んでいると
正直に白状するが、
ことさらに産業の経営者には
この反省が必要だと思う。

昭和28（1953）年当時、日本の経済事情は深刻化していた。その中で、「俺は悪くない、外の奴のせいだと言い張って、責任のなすり合いをしている経営者が多くないか？」と日本人の経営者たちの傾向を嘆いている。自分だけは何とかうまく切り抜けてやろうなんていう根性も問題外。目の前に横たわる難局を乗り切るには、どんな嫌なことでも、事実は事実として直視直面する勇気と信念こそ必要、というのが次郎の考えだ。

毎日新聞社/アフロ

次郎の言葉 34
苦心の結晶

長く大事に持っているものは
人にもらったものより
自分自身の苦心の結晶に限る。

〝長く大事に持っているもの〟とは憲法のこと。現在の憲法は、占領中、米国側から言わば「下しおかれた」ものであり、独立を回復した今、本当の国民の総意による新憲法ができるのが当然ではないか、と次郎は考える。

また、自分の子孫に「日本国憲法は『強制的なおくりもの』だと言い伝えたくはない。敗戦の真相も伝えたい」「本当の我々のつくった憲法（苦心の結晶）のことも話してみたい」とも述べている。

昭和天皇、マッカーサーを訪問

AP/アフロ

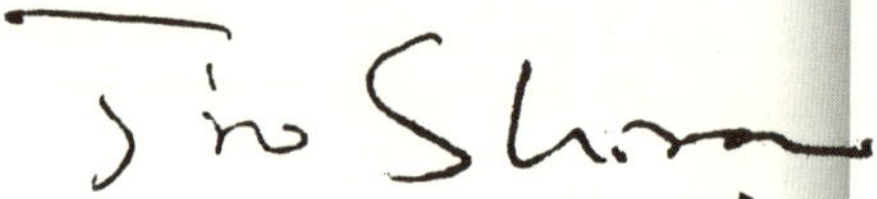

次郎の言葉 35 卑しい奴

バカな奴は
大型車で乗りつけ、
まず菓子折りを突き出す。
もっとひどい奴は
その中に札束を忍ばせる。

日本テレビを立ち上げた正力松太郎

近現代PL/アフロ

権威をひけらかすように大型車に乗り、あるいは菓子折りに札束を忍ばせてやってくるような卑しい奴を次郎は嫌った。ただ、読売グループの正力松太郎がテレビ事業進出のための相談にやってきたときは、少し様子が違った。小型のダットサンを自ら運転し、パンフレットを手渡した正力は、「わしが心血を注いだものだ。今読んでくれ」と怒鳴ったという。「頼みに来て、怒鳴って帰った奴は初めてだ」と次郎は愉快そうに笑ったという。

Jiro Shiozaki

自分の頭で考える

おまえ、自分では
どう思うんだ？

ケンブリッジへの留学時代のこと。ある試験で返ってきた答案に「君の答案には、君自身の考えがひとつもない」と書かれていた。次郎はその瞬間、はっとすると同時に、痛快な喜びがこみ上げてきたという。以来生涯を通じて、次郎は自分の頭で考えることを何より大切にしていた。

自分の頭で考え、自分の頭で判断する。日本人にありがちな、周りの様子をうかがい、ともすれば自分の意見を持たないようなあり方とは真逆を行く。

ケンブリッジ時代からの親友、ロビン・ビングと

次郎の言葉 37
一気にかたをつける

遅い！
それでは日本が立ち直るのに
何年かかる？

次郎の仕事に共通しているのは、機を見て逃さない判断力と、やると決めたときの速やかな行動力である。日本復興のための課題解決はいわば待ったなし。それに対して、次郎は息つく暇もない、見事なスピード感で対処していく。商工省の改編から通商産業省の創設。役人たちの頑強な抵抗が予想された大きな改革だが、このときも、水面下で要所を押さえると、一週間で雌雄を決している。相手に反撃の構えさえ取らせない鮮やかさだ。

次郎の言葉 38

本当のこと

アメリカの生産能力を
ほんとに知ってる人が、
日本の中枢に一人おったら――
一人じゃ弱いだろうけど、
三人おったら、
戦争は起こらなかったよ。

太平洋戦争勃発、真珠湾攻撃

AP/アフロ

戦争が始まった原因について、多くは軍人が悪いと言うが、次郎はほかの人にもずいぶん責任があると言う。「当時日本で外国のことを褒めると評判が悪かったので、みんな異口同音に、日本が一番、外国に学ぶところは皆無と言ったではないか」——こういう種類の狭い国粋論と独りよがりの馬鹿さ加減によるというのである。

本当のことを報告すると怒られる。王様は裸だ、と指摘できないまま戦争に突入したのである。

次郎の言葉 39 ご都合主義

人間の癖でも
六、七年かかってついた癖は、
そう一年や二年で
ぬけるものではない。

毎日新聞社/アフロ

終戦後、占領軍は日本が二度と戦争を起こせないように、新憲法に〝戦争の放棄〟を求めた。ところが一転、米ソ冷戦の深刻化を背景に、米国が要求してきたのが再軍備である。

この間、小学校の子どもにまで軍備を持つことは罪悪だとある意味有無を言わさず、教え込んできた。それが急に、無防備でいることは自殺行為だと言われても誰も納得しない。国民の立場に立って、次郎が痛烈に皮肉り、責めているのは、そうしたご都合主義だ。

次郎の言葉 40 特需のダンピング

永続性のないようなことは
せぬがよい。
しても無駄だから。

次郎が愛した懐中時計

次郎の社会的正義感は、私利私欲にかられた弱い者いじめを許さず、また、道理の通らないことは続かないと看破するものだ。

朝鮮戦争の特需で大手の軍需企業が安値で仕事を落札すると、苦境にあえぐ下請けの中小企業に発注し、彼らに出血を強いる。自らは「出血なし」と澄ましている。こういう行為を平然とやってのけるような輩を、次郎は「心から憎い」と言う。もちろんそれは永続性のない行為であると非難しているのである。

自力で立つ

普通の家庭だって
いつまでも
借金や援助だけでは
やっていけない。（略）
生活を立て直すには
その分働くしかない。

東京・鶴川にある次郎の自宅「武相荘」

仕事においても、人生においても、次郎は他力本願の精神を基本的に排する。たとえば、困ってくるとすぐに補助金だ、割り当てだ、と政府に泣きつくような企業の姿勢についてたびたび苦言を呈している。

家計でも国家財政でも原則（プリンシプル）は変わらない。ツケはどこかで誰かが払わなければならないことになる。人に頼るのではなく、自らの足で立ち、働くこと。その決意なくしては始まらないと次郎は述べている。

兄、姉、妹と次郎（右から2番目）

第3章
スピリッツ

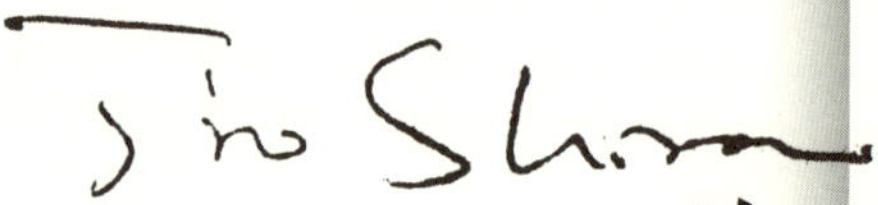

アフェクティション

一定の教育の過程を通ってきた英国人の英語というものには、一種のアフェクティションがあって仲々味のあるものだ。

ブガッティの運転席に座る次郎と親友ロビン

アフェクティションを訳するとすれば「格好」である。次郎によれば、ちゃんとした英国人は、非常に淀みなくしゃべるような雄弁な人に対して、反射的に疑惑を持つ傾向があるという。普通に話していても、一語一語ていねいに探しているような「格好」を見せる。それがアフェクティション。アメリカ人には、スラスラと淀みのない演説をする人が多いという。その対比とともに、英国人の英語に味を感じているのがまた次郎らしい。

次郎の言葉 43 似顔の違い

似顔をかくのに、
僕を見てかいている人と、
写真を見てかいている人と、
両方あるね。
その違いは僕が見ると
ハッキリわかるんだ。

次郎は戦後処理をしていた当時、「昭和のラスプーチン」「吉田の黒幕」など、根も葉もない叩かれ方をされて、マスコミにうんざりしている。その後も、彼ほど、ある意味実像を離れて人物評論された人間はいないかもしれない。

それについて本人は、「僕を知ってる人が書いた人物評論は、なかなかすごいことを見てやがるって、感心することがずいぶんあらァ。だけども、僕を知らずに書いてるのはね、馬鹿げてるよ」と述べている。

次郎の言葉 44
なぜ百姓仕事が好きか

百姓をやっていると、
人間というものがいかに
チッチャなグウタラなもんか
ということがよくわかる。

弱冠41歳で次郎は職を辞し、鶴川村に引いて百姓となったことはよく知られている。実際、次郎は自らの肉体を使って作物を生産し、それを人々に供する「農業」という労働を素朴に愛していた。

また、「俺は自分のことを農民の一人だと思ってるんだ」と語っている。そして、なぜ百姓仕事が好きなのか、と問われた答えがこれである。尊敬する人物はという質問には、「『農林一号』を初めてつくった人」と答えている。

Jiro Shirasu

次郎の言葉 45

弱きを助ける

自分より目下と
思われる人間には
親切にしろよ。

ダム建設を請け負った前田建設工業社長・前田又兵衛と

次郎が英国で学び、時に口にした「ノブレス・オブリージュ」（貴族など特権を与えられたものは、それを社会に還元する責務がある）は、いわば強きをくじき、弱きを助ける精神と言ってもいい。次郎は、威張る奴や特権をかざすような奴が大嫌いだったし、運転手やキャディにでも「ありがとう」の言葉を欠かすことはなかった。

目下のものに威張り散らすような態度は、次郎に言わせれば品性のかけらもないということになる。

次郎の言葉 46
面子にこだわるな

8月15日以来、
日本人に面子なんて
あるかっていうんだ。

玉音放送で敗戦を知った国民

読売新聞/アフロ

誰が相手であったとしても「正しいことは正しい」「言いたいことは言う」というのが次郎である。

ところが、日本人は意見を聞かせてくれと言ってもはっきり述べず、表では言わないけれど、裏では言うことが多い。また「ところが、痛烈なことを言うと恨むんだね、人の前で恥をかかしたって」と次郎は言う。しかし戦争に負けた今、格好をつけてもしょうがない。そんな小さな面子などにこだわっている場合ではないだろうということだ。

勇気を持て

日本の若い人に
一番足らんのは勇気だ。
そう言ったら損をするという
ことばかり考えている。
自分の思うことを率直に言う
勇気が欠けている。

次郎は人を見抜くことにおいても、一流の目利きだったと言える。

そのポイントは、私心なく、信念を持って己を投げ出すことができる人間かどうか。大所、高所に立って、自分の考えや行動を捉えられることが肝心なのである。己の損得ばかり考えてビクビクしているようではいけない。高所に立って、正しいと思うことを率直に言う。そうした「勇気」を持つことこそ大切であると若者に求めているのである。

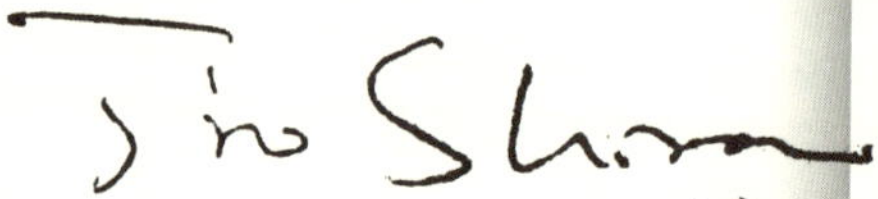

次郎の言葉 48 子どもや孫に

我々の時代に
この馬鹿な戦争をして、
元も子もなくした責任を
もっと痛烈に
感じようではないか。

戦前、次郎は近衛文麿や吉田茂らとともに日米開戦阻止の運動に務めた。しかし、戦後になって自己弁護やアリバイを主張することは一切なく、むしろ率先して世代の責任を語っている。そしてそれは、子どもや孫の世代への責務であると任じている。

ひとたび戦争が終わると、さも責任がなかったかのように小手先で利益を追おうとする企業人に対しては、「事態は深刻で、荊《いばら》の道である」と自戒を込めて警告している。

次郎の言葉 49

数をたのむな

意見を言いたい人は
堂々と個人の資格で言うべし。
何とか団体とかいう名にかくれて、
数をたのんで、さも全会員の
意志を代表するような顔をして
やるのはやめてもらいたい。

次郎がケンブリッジでの留学時代に学んだ精神は、つまるところ〝Be gentleman〟（紳士たれ）。騎士道にも相通じ、誇り高く、正々堂々とすることをよしとする美学である。

したがって、自分の信ずるところがあれば、一人でも堂々と意志を表明すべきであり、数をたのんで物申すなどというのは恥ずべきことである。終戦後、GHQを相手に孤軍奮闘、堂々と渡り合ったのも、こうした精神に貫かれていたからに違いない。

民主主義

**民主主義だとか何とか一応は
一人前に述べ立てることは
知っているらしいが、
一寸したはずみに腹の底はやはり
昔並みの「危険思想取締法案」を
絶対支持した性根を暴露する。**

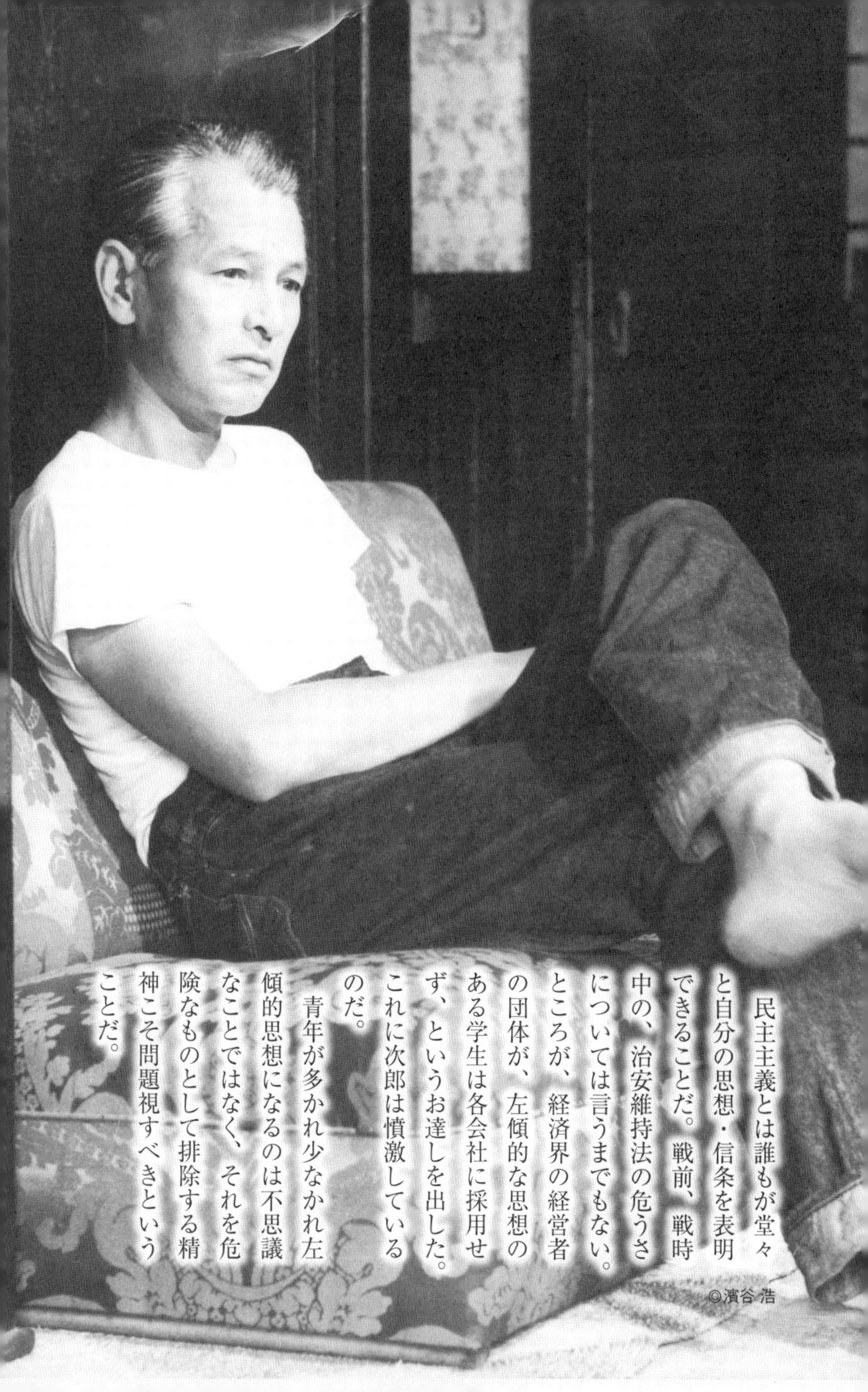

民主主義とは誰もが堂々と自分の思想・信条を表明できることだ。戦前、戦時中の、治安維持法の危うさについては言うまでもない。ところが、経済界の経営者の団体が、左傾的な思想のある学生は各会社に採用せず、というお達しを出した。これに次郎は憤激しているのだ。

青年が多かれ少なかれ左傾的思想になるのは不思議なことではなく、それを危険なものとして排除する精神こそ問題視すべきということだ。

©濱谷 浩

英国貴族のマナー

英国にいて一番気持ちがいいのは、
身分に関係なく
お互い人間的な尊敬を払うことだ。

晩年には軽井沢ゴルフ倶楽部の理事長を務め、うるさ型として知られた次郎だが、キャディをはじめとする従業員にはこまめな気遣いを見せた。

次郎が亡くなったあとで開かれた座談会では、次郎の優しさを偲んで皆が号泣したと伝えられている。

この次郎の姿勢は、英国の貴族が自分の領地の中で使用人に会うと、相手が年上ならきちんとミスターをつけてていねいに挨拶するという文化やマナーから来ているものらしい。

次郎の言葉 52

いい人は馬鹿である

皆がいい人だと褒めすぎて悪口を言われないような人々は、おしなべて馬鹿に限るようだ。お釈迦様やキリストのような人物がおるのなら喜んで例外を認めるが。

次郎は、政治でも仕事でも「人から好かれるようではいけない。嫌われてこそ、きちんとした仕事ができる」という信念を持っていた。というのも、周りにお為ごかしやご機嫌取りが、あまりにも多すぎたからである。そんな信念から生まれた言葉だが、戦後の復興期にＧＨＱとの交渉に当たったり、東北電力を推進した次郎にとっては、八方美人では何事も進まないという思いがあった。そして、この言葉は生き方そのものにも通じるのである。

次郎の言葉 53 私は農民である

みんな笑って
本気に誰も取ってくれないが、
私は自分で農民の一人だと
思っている。

戦争前から鶴川村に引いて農業を続けた次郎は、自分を本当の農民だと思っていた。実際、兼業農家としてのお墨付きをもらっていた。作物もいろいろなものをつくっていたようで、終戦前後の食料難の時代には、収穫した作物を友人・知人に配ってまわったが、言葉もかけずに玄関先に野菜などを置いていくという、いかにも次郎らしいやり方だった。それだけに農を知るには現場を見ることが最善であると、政府の農業政策に苦言を呈してもいる。

武士道とプリンシプル

**日本も明治維新までの武士階級等は、
すべての言動は
本能的にプリンシプルに
よらなくてはならないという教育を
徹底的にたたき込まれたものらしい。**

この次郎の言葉は、さらに次のように続いている。
「残念ながら我々日本人の日常はプリンシプル不在の言動の連続であるように思われる」
次郎は、友人たちからは「また、プリンシプルか」とからかわれるほど、よくプリンシプルという言葉を口にした。ＧＨＱとの交渉をはじめ政治や経済の分野でも力量を発揮した次郎だが、外務省や政治家、また経済人たちの原理・原則に欠ける言動にはうんざりしたことが多かったようだ。

次郎の言葉 55 必要な妥協

プリンシプル（原理原則）のない妥協は妥協でなくて、一時しのぎのごまかしに過ぎないのだ。

戦後処理の政治舞台でもそうだったが、生き方についても次郎は自らのプリンシプルを曲げなかった。たとえば東北電力会長時代、特別扱いを受けることを嫌った。地元の現場で食事をすすめられても、社員寮の食堂が貸し切り状態になっているのを知ると、「これは社員のためのもの」と断った。また列車に乗ろうとした福島駅では、県知事が出迎え駅長室に招き入れようとしたが、頑なに拒否。上着を肩にかけ、一般客に交じって乗車したという。

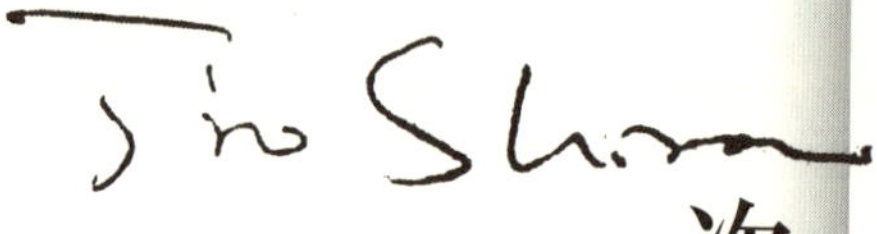

次郎の言葉 56 国際化社会

西洋人と付き合うには、すべての言動にプリンシプルがはっきりしていることは絶対に必要である。

留学中にヨーロッパをロビンとベントレーで周遊していた

この言葉の前には次の言葉が前置きされている。

「プリンシプルは何と訳してよいか知らない。『原則』とでも言うのか。日本も、ますます国際社会の一員となり、我々もますます外国人と接触する機会が多くなる」

　だからこそ日本人がプリンシプルを持って対応することが重要だと述べているのである。次郎は、また既製の価値観のもとに考え行動する多くの日本人の生き方にも、プリンシプルがないという指摘をしている。

日本人の欠点

どうも日本人ていうのは、
これは日本の教育の欠陥なんだけど、
物事を考えるときに
物事の原則っていうことを
ちっとも考えないんだ。

日米の企業が共同事業を行うことになって、次郎がその仲介をしたときのこと。米側は新しい会社にして共同したいという。既存の企業だと借入金などがあるかもしれないというのが理由だ。しかし、日本側はそんなものはないし、新しい会社にする必要はないという。どちらも間違っているわけではないのだが、議論がまるで噛み合わない。借入金などがあるかないかではなく、その可能性があるのが問題、という原則が日本側には理解できないのである。

58 それじゃ、お前は何だ？

日本人はよく、ジイドはこう言った、
ボオドレエルはこう言ったなんて
言うけど、
どうだっていいじゃないか。（中略）
それじゃお前は何だって訊くと、
何も持ってないんだ。

もっと前の時代は、カント、デカルト、ショーペンハウアーがよく引き合いに出された。現代でもトマ・ピケティがどうしたとか、リチャード・クーがこうしたという話題が少なくない。外国でも聖書や神話の引用はよくあるが、日本は独特で著名な人物を引き合いに出すことで、自分自身を権威づけるという傾向がある。その人物の言っていることはわかったが、ところであなた自身はどう考えるのかということになると、うろたえてしまうのである。

自分自身は努力したか

何かにしがみつかなければ
生きていけない根性なら、
神頼みでもして
鰯の頭でも信心していたほうが
他人様の迷惑にならんだけ
ましだろう。

これはある経済団体が合理化をめぐって政府に改善を求める声明を出したことに対して、次郎が語った言葉である。

根本は、人様に何かを要求する前に、自分自身は具体的に方策を決め努力してきたかという問いである。何かうまくいかないことがあると、すぐに人様のせいにし、政府にしがみつこうとする経済界の動向を批判したものだ。もうひとつは、意見があるなら個人の資格で堂々と言うべしということである。

次郎の言葉 60 客観視の大切さ

井戸の中の蛙は大海を知らないという諺があったようだが（中略）井戸の中にいる自分を、井戸の外から眺められることさえできれば、用はいくらか足りるような気がする。

たとえば家業が倒産しそうになって援助を受けているものが、恒例の家族旅行に行けなくなった。「事態を乗り切るには、それは仕方がない」と言ったら人非人と避難されるだろうか？

その中にいる人にとっては、たしかに残念で不幸かもしれないが、外の人たちは家業を再建しようと必死なのだからやむを得ぬと感じるのではないか。政治でも、経済でも、個人でも、外の空気を知って客観的な視点が大切だ。次郎はそう言いたいのである。

火事場の論議

他人様が起こした火事であろうが、
自分の家で始まった火事であろうが、
燃えてしまえば只の灰になるだけで、
（中略）なすり合いをやってみた
ところで、灰になってしまえば
手のつけようがあるはずもない。

この言葉は昭和28（1953）年ごろのもので、日本経済の前に横たわる問題を人ごとにしてなすりつけようとする経済界に対して苦言を呈したものである。実にわかりやすく、経済問題に限らず現代の社会にも通ずる言葉だろう。たとえば会社の会議では本質が置き去りにされることは少なくない。次郎の言葉になぞらえれば、「燃えてしまったもの」と同じような問題について、本質から離れた堂々巡りの議論をしているようなものである。

次郎の言葉 62
複雑なことほど簡単にしたがる

戦争中の八紘一宇とか、
東亜共栄圏とか一億一心とか、
問題は少し違うが、物の考え方
というか生き方というか知らないが、
およそ複雑なことほど簡単に
片付けてしまいたいらしい。

鶴川に残る次郎の住んでいた「武相荘」の居間

次郎がこの言葉を発したのは、作家の坂口安吾が仙台について、伊達政宗を「田舎豪傑」とからかったり、「仙台に美女なし」などと書いたことが物議を醸すという出来事があったからだ。

　このことについて「仙台の女は不美人なり、否仙台の女は美人なりと簡単に何字かで表現しないと承知しないらしい」という言葉に続く発言である。現代でも「草食男子」など、短く一括りにするが、草食にもいろいろあるし、男子もまたということである。

次郎の言葉 63

セクショナリズムを斬る

**軒は傾き、柱は曲がり
屋根の一部には火がついている
ようなときに、自分のいる部屋だけ
よくしようとしたり、
自分の部屋を広げようとしたりする
ことの無意味を考えないのか。**

昭和27（1952）年は皇居前のデモと警備の警官の間で衝突が起こり、いわゆる「血のメーデー」が起きている。一方では、吉田内閣の後継をめぐる争いや各政党の内紛が続発していた。これに関連して発言した次郎の言葉で、なかなか見事なたとえである。直接的には自由党の内紛を批判したものだが、これに限らず日本人のセクショナリズムは現在もなお拭い難く存在している。改めて次郎の言葉を噛みしめてみる必要があるかもしれない。

次郎の言葉 64 言うべきことは言う勇気

昔から弱いものが強いものに抑えつけられるのは、悔しいことに間違いはないが、何とも仕様がないことだ。結局は抑えつけられることがわかっていても、事実を率直に言う勇気は持つべきである。

さらに続く。「言うことだけは言った上で抑えつけられても何をかいわんやである。ましてアメリカのように理屈は理屈としてわかる国民を相手にしているときにおいてをやである」

占領政策をめぐって交渉を続けた次郎の実感だろう。さらに次郎は、「何か言ったところで、どうせ抑えつけられてしまうのだから」ということで、何も言おうとしないことを批判している。無駄だとわかっていても言うべきことは言う勇気を持ちたいものである。

65 実力こそすべて

あの大学はいい大学なんだよな。
だってあそこを出ただけでは
何にもならないんだから。

長男・春正と

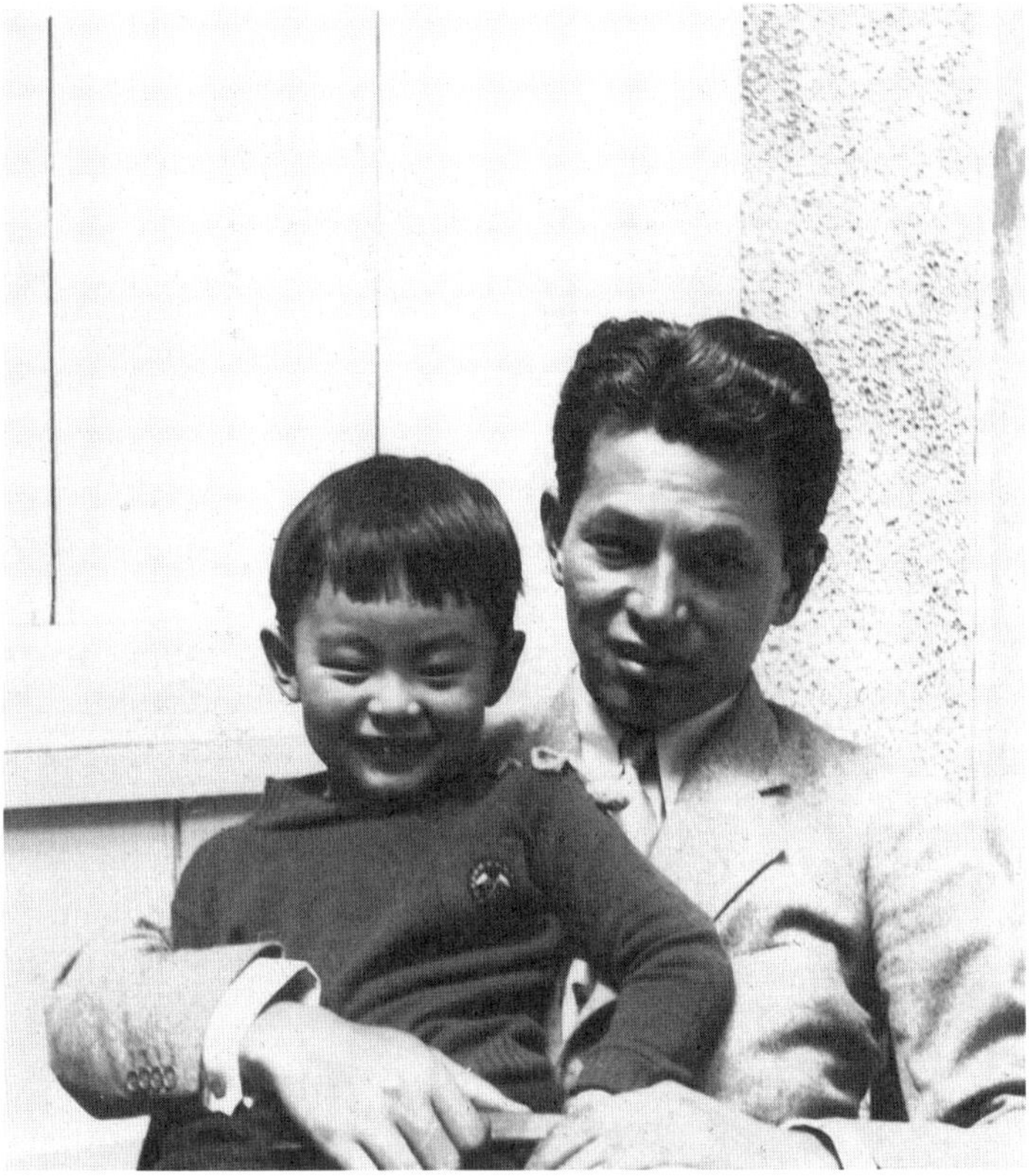

長男の春正が東京藝術大学に合格したときの言葉である。次郎が活動する経済界や政界、官界は東京大学や京都大学が席巻している。またそれを笠に着る言動も少なくなかっただろう。

これは東大や京大という権威が勝手に働いているもので、本人の実力とは何の関係もない。しかし、長男が合格した藝大は実力こそがすべてで、そこを出たというだけでは何の役にも立たない。だからこそ、「いい大学だ」と言うのである。

機先を制す

ことは機先を制さなければの。

次郎は何においても「play fast」をモットーにし、やるとなったらスピーディにことをこなしていた。

それだけではない。新幹線が登場する前の特急「つばめ」の展望車に乗ると、アメリカ人の団体が酒を飲みながら大騒ぎをしている。次郎は立ち上がるや、「シャット・アップ！（黙れ）」と一喝。しばらくするとアメリカ人がやってきて酒を勧め、和気藹々《あいあい》と京都まで過ごしたという。このとき同席していた娘に漏らした言葉である。

歯に衣着せぬということ

あなたの英語も、
もう少し勉強なされば
一流になれますよ。

GHQ民政局局長のコートニー・ホイットニー

近現代PL / アフロ

これはGHQ民政局長のホイットニー准将に英語を褒められ、返した言葉である。歯に衣着せぬ性格の次郎は、ほかにも数多くの武勇伝を残しているが、中でも秀逸なのは、吉田首相の代理としてマッカーサー元帥に天皇陛下のクリスマス・プレゼントを持参したときのことである。

プレゼントを置く台がいっぱいでマッカーサーが床を指さすと、「いやしくもかつての統治者からの贈り物を床に落けとは何事か」と、怒鳴ったという。

次郎の言葉 68

地球に生を享けた人間

**宇宙は神様が創ったというのなら、
人間のやることは
そろそろ人間の縄張りを
脱しかけているのでは
ないだろうか。**

昭和29（１９５４）年、アメリカは太平洋上のビキニ環礁で水爆実験を実施。当時、現地で操業中だったマグロ漁船の第五福竜丸が放射線被曝するという事件が起きた。これについて語った言葉である。

「いくら原子化学工業の必要からとはいえ南洋で世紀の人工大爆発を実行し、そのおかげで安心して太平洋の魚が食えるかどうかを調査しに行かねばならないとは、この地球に生を享けた人間として実に悲しいことだと思う」とも述べている。

兵庫県立第一神戸中学校野球部時代の次郎（前列左）

第4章

人付き合い

Jiro Shima

次郎の言葉 69 友情

人が困っているときは
助けるもんだ。

ずいぶんとストレートな言葉だが、次郎は人一倍感激屋で友情に篤い人物でもあった。

たとえば戦争中の食糧難時代、鶴川村で収穫した農作物を友人たちに届けてまわった。また友人で評論家の河上徹太郎が空襲で焼け出されると、すぐに鶴川に招き一緒に住まわせている。

しかも住む場所から食事まですべて一緒で、そのうえ音楽好きの河上のために焼け残ったグランドピアノまで運び込んであげるほどだったのである。

武相荘の庭で友人・河上徹太郎と

次郎の言葉 70 真の人間関係

本当の友情は
腹を割り合った仲にのみ生れる。
相手が好きそうなことばかり言って
一時的に相手を喜ばして、
してやったりと思っているなど
浅はかな極みである。

旅先の次郎と小林秀雄

戦後の米国による占領時代、次郎はさまざまな交渉に当たったが、言いたいことはズバリと言うのが常だった。相手におもねるようなことばかり言っていたのでは真の関係は築けないという信念を持っていたからである。

それは個人間の友情でも同じで、英国時代から友情を交わしたロビンや、小林秀雄、河上徹太郎といった友人たちにも、言いたいことはズバズバと言うのが常だった。それでさらに友情が深まったのである。

次郎の言葉 71 ラブレター

君は私にとって霊感の泉であり
究極の理想だ。

Masa
You are the fountain of my
inspiration and the climax of
my ideals.

Masa: You are the fountain of my inspiration and the climax of my ideals.

白洲次郎が樺山正子と出会ったのは、あるパーティーでのこと。お互いに紹介されて30分後には、ひそかに姿を消していたという。

世界恐慌の煽りで次郎の実家が倒産し、英国留学から帰国してすぐのことだった。正子もまたアメリカ留学から帰国したばかり。

その後、熱い手紙のやりとりが続いた。この言葉は次郎が正子に送った写真に書き込まれたものだが、その情熱は充分に伝わってくる。翌年、二人は結婚。次郎27歳、正子19歳だった。

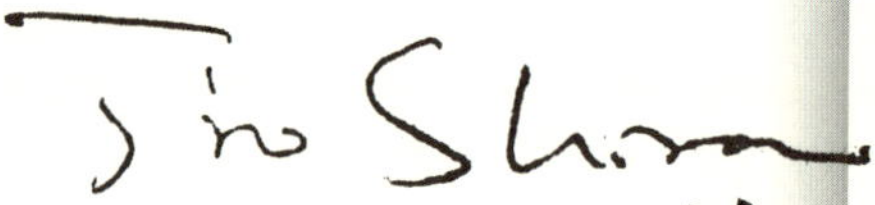

次郎の言葉 72 英国式マナー

ネクタイをせずに失礼。

次郎と正子の新婚時代、あるときのこと。次郎が食事のテーブルに着くとき、正子に対して口にした言葉である。

留学時代を過ごした英国では、たとえ家族でも食事のときはネクタイをするのが礼儀とされている。そのことを次郎は詫びたわけである。そのマナーは正子も知っていたが、この言葉を聞いて、「こんな男とこれからずっと暮らすのだ」と覚悟したという。長く英国で暮らした次郎が実践した「英国流」の一端である。

次郎の言葉 73 おしどり夫婦

夫婦円満のコツは
一緒にいないことだよ。

次郎は占領時代の日本の進路を決める重要な場面で活躍し、戦後は東北電力会長として力を発揮した。一方、正子はエッセイスト・評論家として活躍していた。そんな二人だが、仲のよさが知られていて、あるとき次郎は「夫婦円満のコツ」を尋ねられたことがある。冒頭の言葉は、そのときの次郎の答えである。

一見、反語のようにも聞こえるが、次郎と正子はお互いが忙しかったこともあって、顔を合わせる機会が多くはなかったらしい。

Jiro Shirasu

結婚は我慢

君は僕をずいぶん我慢強い男だと思っただろう。あの婆さんと僕は今まで付き合ってきたんだよ。

『風の男　白洲次郎』の著者である青柳恵介は、あるとき次郎に、

「君は僕をずいぶん我慢強い男だと思っただろう」

そう尋ねられたという。青柳が聞き返すと、

「あの婆さんと僕は今まで付き合ってきたんだよ」

と答えたのである。もちろん半分は冗談なのだろうが、正子が普通の妻・母親とは違っていたのも事実である。彼女が料理をつくることはほとんどなかったし、子どもの学校行事に出ることもなかったのだから。

75 親バカの一面

英国では娘の亭主のことを
seven years enemy
と言うんだ。

娘・桂子の結婚式のときの次郎

政治や仕事の世界では原則を貫く強面ぶりが知られている次郎だが、こと子どもや孫については、親バカ、爺バカの一面を見せている。とりわけ娘の桂子に関しては徹底していたようだ。娘が年頃になると、「桂子と結婚しようとする奴は、どんな奴でもすべて断固反対する」と宣言している。後に桂子は牧山圭男と結婚するが、その際に口にしたのが冒頭のセリフである。どうやらこれは次郎のオリジナルで、英国にこんなことわざはないらしい。

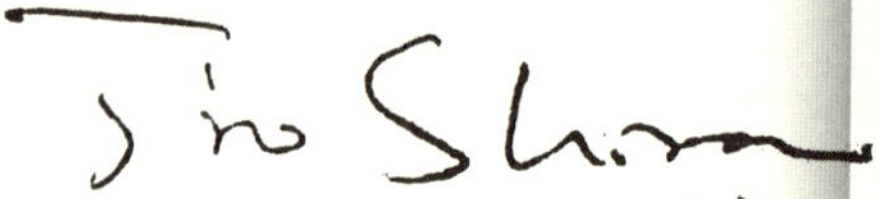

次郎の言葉 76

娘へ……

上等なパリ生活を楽しんで来い。
ただし国際結婚だけは断じてダメだ。
バテレンと天気予報士も
嘘をつくからダメだ。

娘・桂子がパリへ留学するときに次郎が発した言葉だ。次郎自身は英国に留学し、女性との付き合いも少なからずあったらしい。正子と出会う前は部屋に英国女性のポートレートを飾っていたという。晩年に娘婿の牧山と英国を旅行したときには、「そういえば、昔付き合っていた女性がちょっと重荷になってきたときに……」などという話を始め、親友のロビンに「息子の前でそんな話をしていいのか」とたしなめられたことがあったという。

唯一の確認

オフサイドはしてねぇだろうな!

Jiro Shiina

桂子が結婚するときは、ずいぶん嫌がらせの言葉を発してもいる。牧山は当時、ヤナセの社員だったが、「英国には、セールスマンはジエントルマンじゃないという言葉があるぞ」などということも口にしていた。もっともこれも、ロビンに言わせると「それはジローのジェラシー」だという。

とはいっても実際に結婚するときは、黙って受け入れたという。ただ一言牧山に対して口にしたのが「オフサイドはしてねぇだろうな！」。

次郎の言葉 78 娘へのお小遣い

そんなものは亭主に払わせろ。

晩年の次郎は夏を軽井沢で過ごすことが多かった。そこでの楽しみのひとつは娘の桂子が合流し、いろいろな料理をつくってくれることだったようである。そんなこともあってか、桂子が軽井沢にやってくると、次郎は「お中元」と称して小遣いを渡すことが習慣になっていた。

しかし、あとで小遣いの使い道を必ず聞く。あるとき、桂子が歯医者の支払いに使ったと言うと、「そんなものは亭主に払わせろ」と渋い顔をしたという。

Jiro Shirasu

次郎の言葉 79

孫への本音

東大に行け。
そして役人か銀行員になれ！

渡英直前の次郎（右から3人目）。左から姉、妹、母、末妹、兄

プリンシプルを貫き、我が道をゆくという次郎にはあるまじき言葉ではないか。

これは娘・桂子の孫である龍太について口にした言葉で、このとき近くにいた正子は、「また次郎さんいい加減なことを言って。役人なんて絶対なっちゃダメ」と制したという。だが、これには次郎の本音が滲んでいたのかもしれない。

次郎は政治や経営の仕事でも有能ぶりを発揮したが、それぞれの世界で東大や官僚というものの力を思い知らされていたのだろう。

モテるための極意

金払いはよくしろ。
明るくふるまえ。
特定の女ばかりとしゃべるな。
そして言い寄られたらノーと言え。

娘婿の牧山圭男や幼いときから知っている麻生太郎（現・財務大臣）に「女にモテる極意」としてよく話していた言葉である。

もっとも、これは一般的な場でのことではなく、バーやクラブで好感を持たれるためのものだったらしい。実際、次郎はよくモテたらしく、銀座の有名クラブのママたちが次郎をめぐって角を突き合わせたなどというエピソードも伝わっている。また、京都の「松八重」など贔屓にしていた店での人気も高かったのである。

次郎の言葉 81 死の直前の言葉

相撲も千秋楽、パパも千秋楽。

京都のお茶屋「松八重」

死の直前、自らの死期を悟ったのか京都を旅し、親しくしていた店を訪ねている。ある店で、出がけに女将が「また近いうちに来ておくれやす」と声をかけると、「それより先にお迎えが来るよ」と答えたという。

旅から帰った次郎は具合が悪そうにリビングで横になって相撲を見ていたが、その日はちょうど千秋楽。そこで娘の桂子に、ふともらしたという。翌日、次郎は三宅一生デザインのコートを羽織って入院。そのまま帰らぬ人となった。

次郎の言葉 82

突き抜けた死生観

死んだら腐るということだ。

あるとき、次郎は「あなたのモットーは？」と訊かれ、こう答えた。その言葉の裏には突き抜けた死生観がうかがえる。

人間は死んだら、腐り、ただの物体になる。だからこそ、一度きりの人生を悔いなく、生き抜きたいという思いが込められている。

また、鶴川村で本格的な農業に取り組んだ、自然循環への思いも込められているのかもしれない。人間も動物も植物も腐ることで土に返り、さらに作物を育てているということである。

次郎の言葉 83 一流のジョーク

右利きです。でも、夜は左。

武相荘の敷地内に設けられているバー

次郎が入院し、いろいろな検査が行われ、注射するときに看護師に「右利きですか、左利きですか?」と尋ねられたときの答えである。「夜は左」というのは、酒飲みのことを「左利き」という言葉にかけたものだ。死の直前にもかかわらず、次郎流のジョークは健在である。

実際に次郎の酒好きは、かなりのもので、とりわけ英国伝統のスコッチを愛した。親友のロビンが毎年のように樽ごと送ってくれたスコッチを愛飲していた。

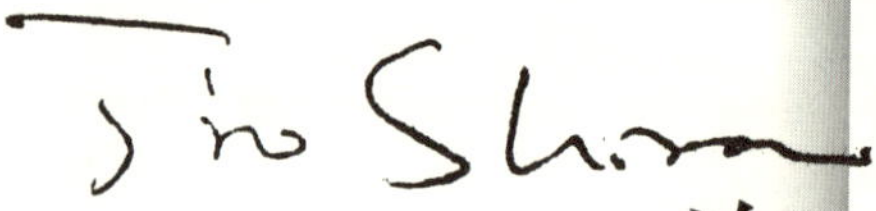

たった2行の遺言

一、葬式無用
一、戒名不用

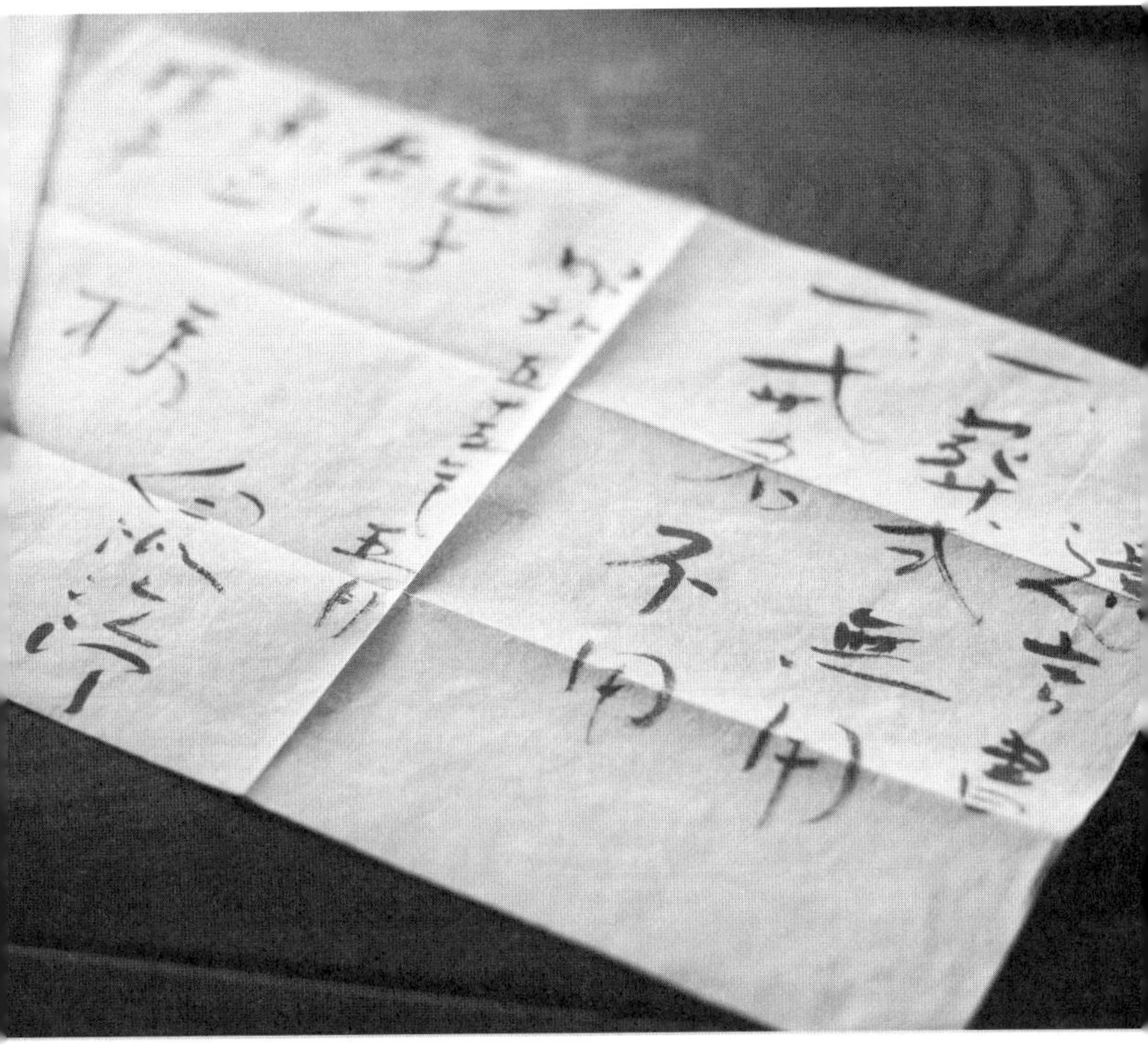

次郎が残したたった2行の遺言書に書かれた言葉である。かつて画家の梅原龍三郎氏が遺言として書いた「生者は死者の為に煩わさるべからず」という言葉に触発されたものらしい。

そんなこともあって、次郎は友人・知人の葬儀にも一切参列しなかった。それを真実のない儀礼としたからである。

死後、遺言どおり葬儀は行われず、親しい友人たちが赤坂の自宅の次郎の部屋に集まり、賑やかに酒盛りをして送ったのである。

昭和4（1929）年11月樺山正子と結婚

第5章 こだわり

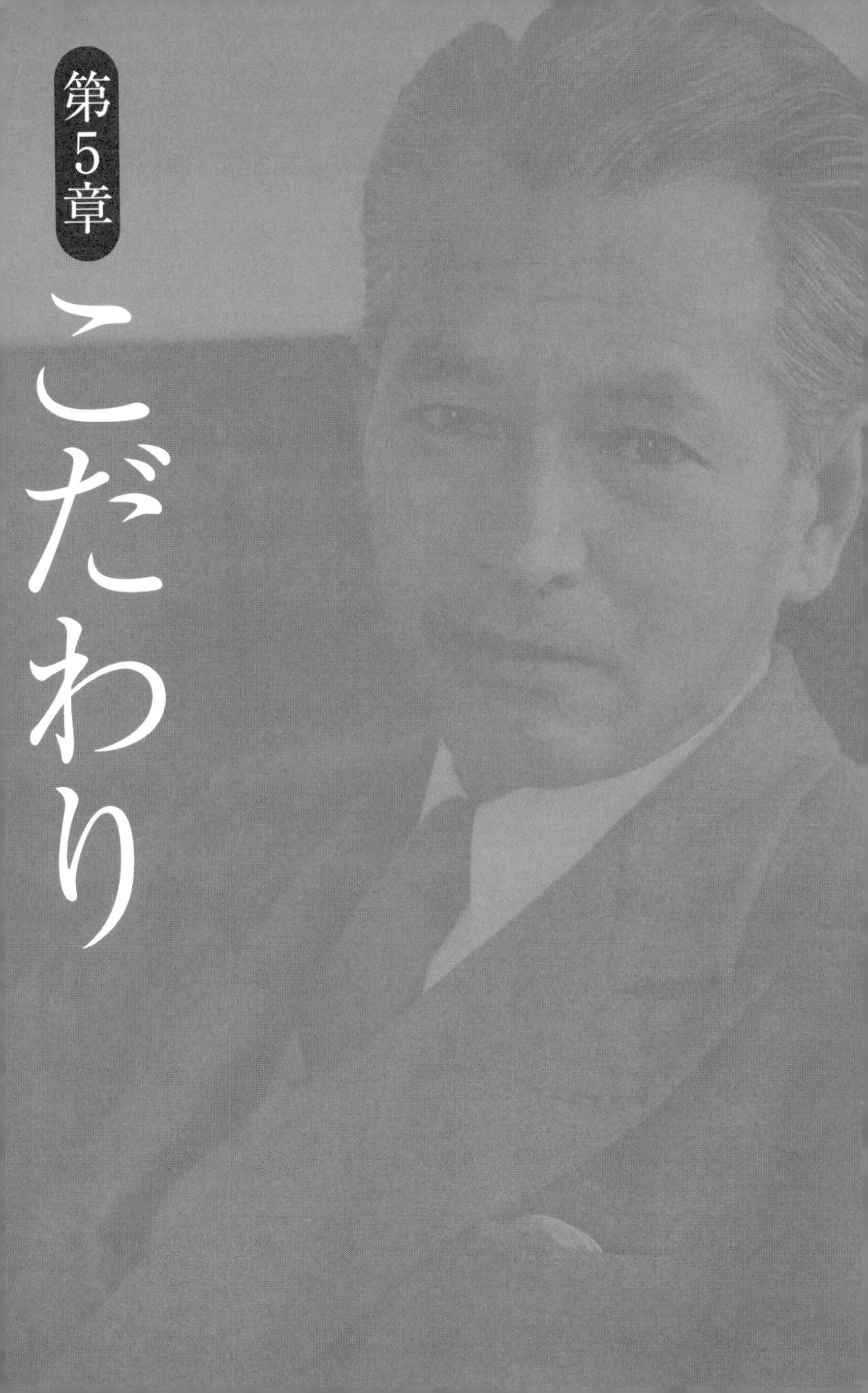

次郎の言葉 85

ゴルフ倶楽部の原則

カントリー倶楽部は
会員が楽しむためにある。
そうでないものは帰ってもらう。

晩年の次郎は軽井沢ゴルフ倶楽部の会長を務めた。軽井沢にいるときは、毎日のように顔を出し、マナーの悪い客をたしなめる、うるさ型だった。

そんなあるとき、時の総理大臣だった田中角栄の秘書がやってきて、「これから田中総理がまいりますのでよろしく」と言うと、次郎は「そいつは会員か？」と尋ね、そうではないとわかると、この言葉を発したという。後に、本人は否定しているが、次郎ならいかにもありそうな話である。

スポーツマンシップとは

運転手を待たせて
ゴルフをする奴なんか、
ゴルフをする資格はない。

イニシャルが入った次郎愛用のゴルフクラブ

若いときにサッカーや野球をはじめいろいろなスポーツを楽しんだ次郎だが、中でも愛したのは英国伝統のゴルフだった。

英国のスポーツマンシップとは、ジェントルマンのオフの楽しみとして生まれたもので、あくまでその本質を守るべし、というのが次郎の考え方なのである。

したがってゴルフ倶楽部は、一般の会員優先。そして、社用の車で乗り付けたり、運転手を待たせてプレイするなどもってのほかだったのである。

次郎の言葉 87 付加価値

**メンバーに言っておけ。
本妻よりも、妾の方が金がかかる
というのがわからないのか。**

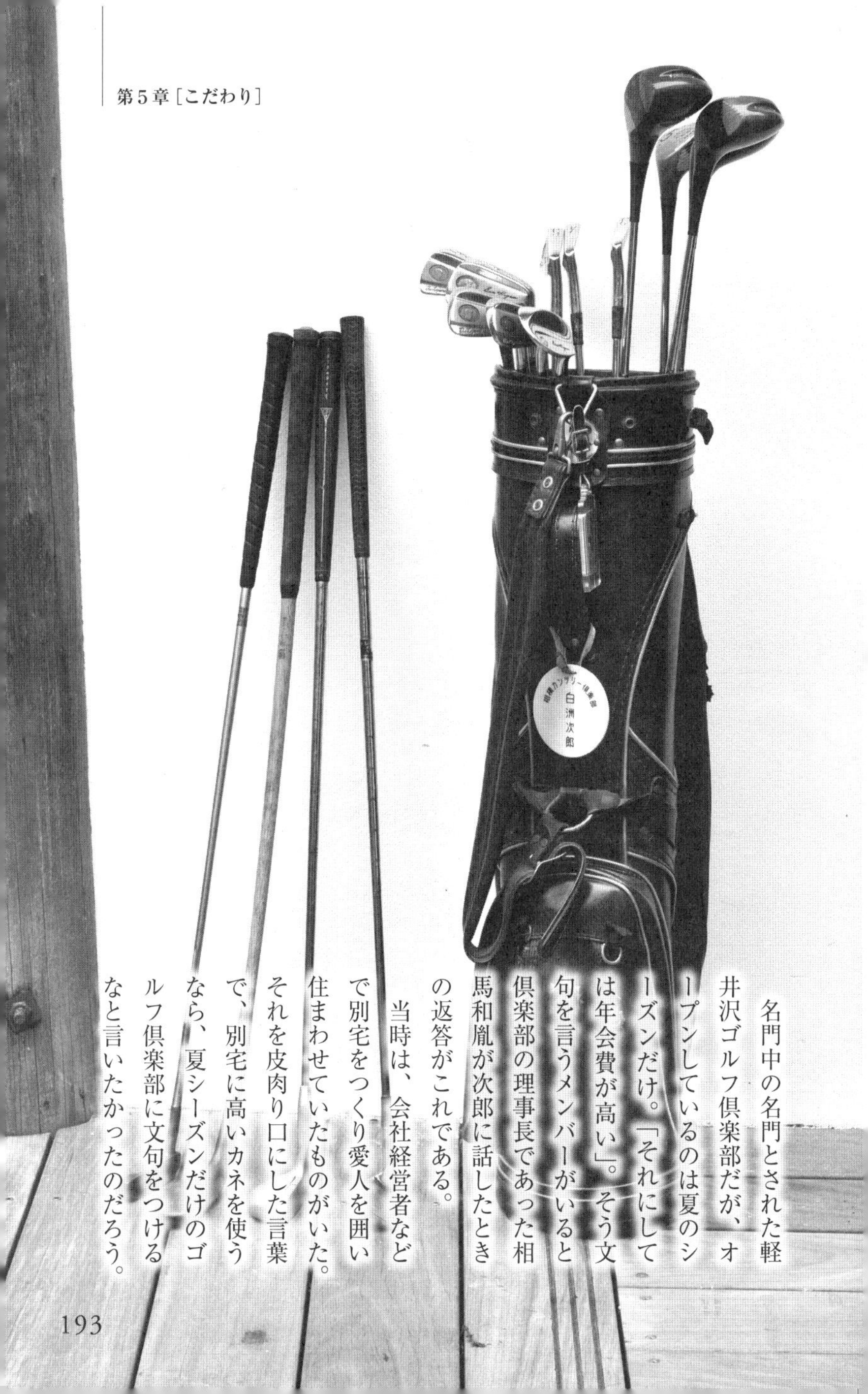

名門中の名門とされた軽井沢ゴルフ倶楽部だが、オープンしているのは夏のシーズンだけ。「それにしては年会費が高い」。そう文句を言うメンバーがいると倶楽部の理事長であった相馬和胤が次郎に話したときの返答がこれである。

当時は、会社経営者などで別宅をつくり愛人を囲い住まわせていたものがいた。それを皮肉り口にした言葉で、別宅に高いカネを使うなら、夏シーズンだけのゴルフ倶楽部に文句をつけるなと言いたかったのだろう。

オイリーボーイ

車の運転を始めるのは、早ければ早いほどいい。

英国では車に熱中する男を「オイリーボーイ」と呼ぶ。つまり車ばかりいじっていて、油だらけになっている男である。次郎は、まさにオイリーボーイそのものだったが、その第一歩は、なんと中学時代の17歳のとき。しかも愛車は父親が買ってくれたアメリカ製のペイジ・グレンブルックSix-38だった。

その後、数々の車に乗り、70代でポルシェに乗っていた。車の歴史とともに生きてきた次郎ならではの言葉である。

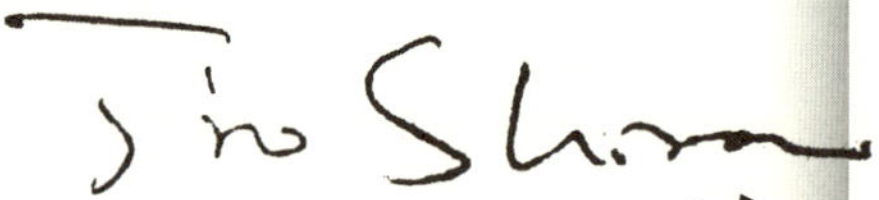

若い奴をぶっちぎってやった。

©新潮社

次郎が70代で乗っていたポルシェは、ある仕事のお礼にとプレゼントされたもの。これに乗って出かけるときは、まるでピットを飛び出すレーシングカーのようだったという。

あるとき、東名高速で若い連中に競いかけられ、そのときのことを話したのがこの言葉である。「ぶっちぎってやったら、びっくりしていたよ」。してやったりの表情だったという。時には列車と競争したこともあったらしいから、かなりの運転ぶりである。

次郎の言葉 90

世界に通用する日本車を

No Substituteな車を目指せ。

運転免許証と自作の高速道路切符入れ

次郎が乗っていたのは外国車ばかりではない。たとえばトヨタのソアラには初代から乗っていて、開発者の岡田稔弘氏には、何くれとなくアドバイスしていたという。その根本は冒頭の言葉で、「かけがえのない車」をつくれということだった。

二代目ソアラ完成の直前、次郎は亡くなった。が、世界レベルで通用する高級車を目指して開発されたソアラの技術は、今でもトヨタ高級車のベースとして採用されているという。

紳士のスポーツ

サッカーは
Rough men play gently
ラグビーは
Gentlemen play roughlyだ。
その違いがわかるか？

中学時代はサッカーに熱中し、夏休みに英国に旅行し、本場のサッカーを経験してもいる。しかしその後、英国留学してからの次郎は、ラグビーに熱中したようである。

英国ではラグビーは上流階級のスポーツで、サッカーは労働者階級のものとされていた。ラグビーこそジェントルマンシップを体現していたのだ。この言葉は、「サッカーは乱暴な男が紳士的にプレイする。ラグビーは紳士が乱暴にプレイする」という意味である。

本当の楽しみ方

スキーに行っても
ガツガツ滑るもんじゃない。

次郎は相当なスキー好きで、最初は志賀高原に、後には蔵王に「ヒュッテ・ヤレン」と名付けた小屋を持っていた。もちろん毎年冬になると出かけるのだが、「スキーに行ってもガツガツ滑るもんじゃない」と言って、スキーそのものはあまりやらなかったらしい。
毎日、本を読んだり、近くの池でワカサギ釣りをしたり、雪にウィスキーをかけて飲んだりというふうだった。これも英国ジェントルマン的なスキーの楽しみ方だったのだろう。

次郎の言葉 93 オンビジネスのプリンシプル

君、そんな格好で会社に行っても
大丈夫なのか？

次郎は「日本で最初にジーパンをはいた男」としても知られているが、ファッションでもプリンシプルを持っていた。

娘婿の牧山圭男が、ある朝、出社するときにツイードのジャケットを着ていると、冒頭の言葉を口にしたという。当時、ビジネスマンがツイードのジャケットを着るのは普通のことだったが、「ジェントルマンがオンビジネスのときに着るのはスーツにネクタイ」というのが次郎のプリンシプルだったのである。

次郎愛用のテトリー&バトラーのニッカー・ボッカーの三揃い

究極のダンディズム

**あいつは新しい服を着ていると
思われるのが嫌で、
同じものを1ダース
つくっているのさ。
それを毎日取り替えるから、
いつでもちゃんとしているんだ。**

海を越えた生涯の友、ロビン・ビング

「あいつ」とは、英国留学時代の親友で、終生交流を続けたロビンのこと。ロビンは、いつ見てもブルーのピンストライプのスーツに同じ柄のシャツとネクタイを身につけていた。

いつ会っても同じ装いのロビンを不思議に思った妻の正子が尋ね、返ってきた次郎の言葉がこれである。流行を追うファッションなどスノッブの最たるものとして嫌ったロビンは、同じスタイルを通すという究極のダンディズムを追い求めたのだろう。

次郎の言葉 95

服装の原則を守る

**オーバードレスと
アンダードレスに気をつけろ。**

次郎は娘・桂子の結婚披露パーティーでも服装のプリンシプルを押し通している。新郎新婦の家族はディナージャケットを着ることに決められたが、披露宴は夕方5時からだったので、次郎はスーツにネクタイで押し通した。「ディナージャケットは夕方7時過ぎから着るもの」と言い張ったのである。

次郎に言わせれば、これはオーバードレスだったのだろう。つまり野外のランチに正装で参加するようなものだと言いたかったのだ。

次郎愛用のヘンリー・プールのタキシード

次郎の言葉 96 ダンディーの真髄は着崩し

ツイードなんてあんなものはね、
買ってすぐ着るもんじゃないよ。
3年くらい軒下に干したり、
雨ざらしにして、
くたびれたころに着るんだよ。

晩年の次郎はデザイナーの三宅一生とも親交を結んだ。三宅がデザインしたコートのモデルになったこともあるほどである。

その三宅に、ツイードジャケットの着崩し方を伝授したそうで、これはそのときの言葉である。愛用したツイードジャケットは、今でも武相荘に残されているが、いい味わいを出している。次郎はドレスアップとドレスダウンにもこだわった。そして、ドレスダウンにこそ、ダンディーの真髄があったのである。

©操上和美

スコッチの飲み方

Jiro Shino

水なんかで割ったら、
せっかくの味が台無しだ。

ロビンから贈られた17年もののウイスキー

RARE OLD SCOTCH WHISKY.
17 years in the wood.
A Gift of
The Rt. Hon. the Earl of Strafford
to
Mr. Jiro Shirasu.
February 1970

日本にウイスキーがほとんどなかった時代から、次郎は本場のスコッチ・ウイスキーをたしなんでいた。中でも次郎が愛したのは、親友のロビンから樽ごと送られてくるスコッチである。

戦後、日本にもウイスキーが流通するようになったが、その飲み方はハイボールや水割りが主流だった。しかし、次郎はあくまでストレート、氷を入れることもしなかった。

水で割ったり、氷を入れたりするのはアメリカ流だというのである。

98 本物が知る本物

君らも立派な知識人だろ、
もっと上品にたしなみたまえよ。

京都「松八重」のバー。次郎はいつも奥から3番目に座り酒を嗜んでいた

次郎はロビンから送られてくるスコッチが大の自慢で、いろいろな人に振る舞っている。その一人である映画監督の大島渚は、一口飲んでいたく感激し、その後、本場で多くのスコッチ体験をしたが、次郎が振舞ってくれた以上のものには出会えなかったという。

友人だった河上徹太郎や今日出海らも、よく武相荘にやってきて、自慢のスコッチを振る舞われた。しかし、あまりにも乱暴なその飲みっぷりに対し、こう言って説教したという。

次郎の言葉 99 名もなき銘酒

**イギリスには日本と同じように
名もなきうまい地酒が
たくさんあるんだよ。**

この言葉の前には、次のような言葉が置かれている。

「吉田のじいさんは外交官だから仕方がないが、オールド・パーが一番だと思っていたようだけど、あれは英国が輸出振興のためにつくったものだ」。スコッチが本格的に輸入されるようになった時期、オールド・パーは最高とされていた。吉田茂も、愛してやまなかったらしい。しかし次郎に言わせれば、それは国策でつくられたもので、それを超える銘酒はいくらでもあると言いたかったのである。

次郎の言葉 100 夏限定のカクテル

Bar is open
さぁ、バーが開くよ！

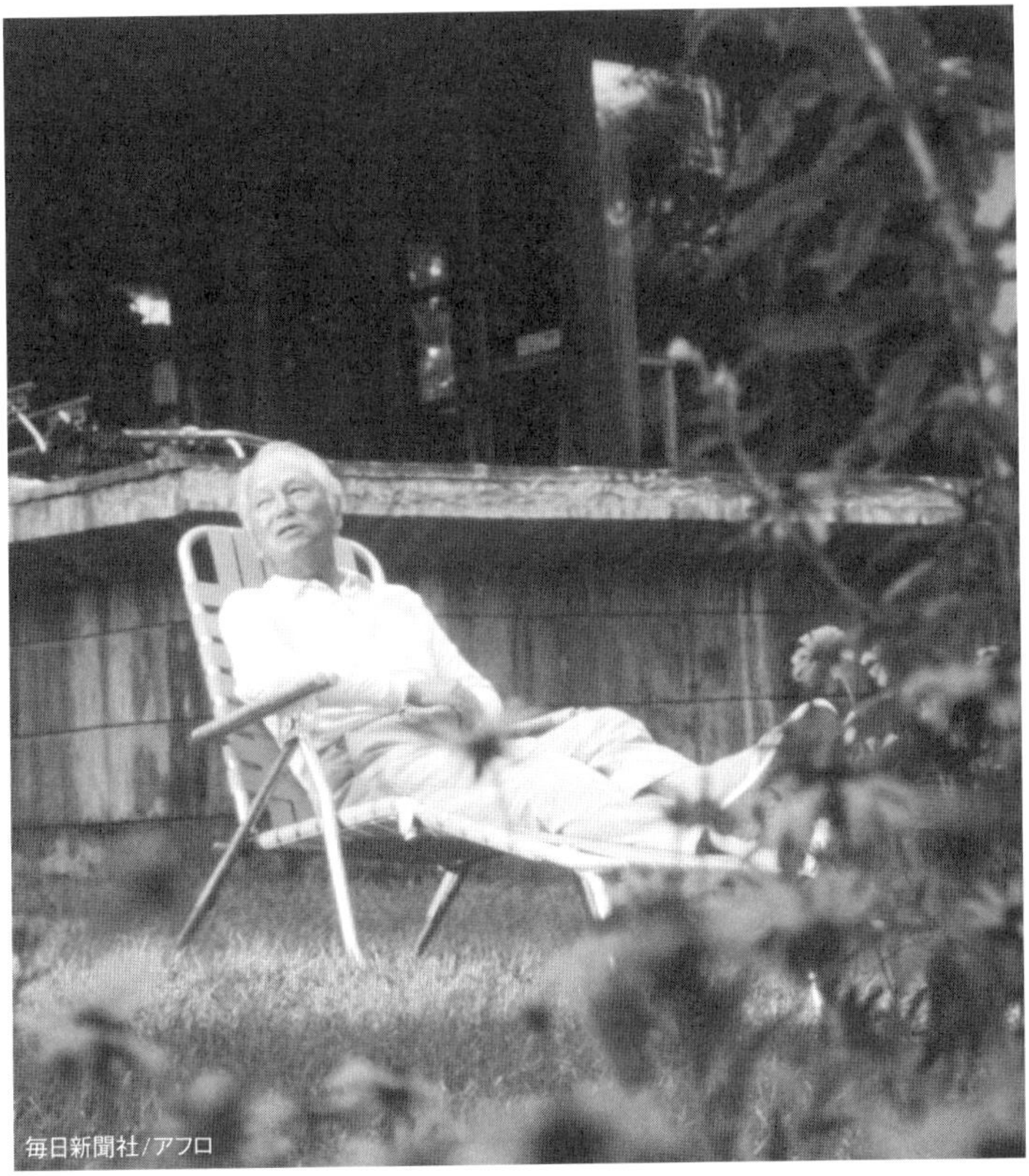

晩年の次郎は、多くの夏を軽井沢で過ごした。そして夕方になると、テラスに椅子を持ち出して、よく酒を嗜んだ。

もちろん飲むのはスコッチだったが、夏に限ってはドライ・マティーニやジン・トニックも好んだ。次郎流に言えば、カクテルはもともと残り物の酒を使って混ぜ合わせたのが始まりで、飲み方としては正統ではない。しかし、この二つだけは特別で、誰にともなく「Bar is open」と口ずさみ晩酌したという。

白洲次郎 年譜 1902-1985

年齢	事歴	主な出来事
0歳 明治35年 1902年	2月17日、父・文平、母・芳子の次男として兵庫県芦屋に誕生。祖父・退蔵は三田藩の儒学者の出、父・文平は綿貿易業で財を築いた大富豪	●第一次日英同盟調印
12歳 大正3年 1914年	兵庫県立第一神戸中学校入学。野球部・サッカー部に所属。ペイジ・グレンブルックを乗りまわすようになる	●第一次世界大戦勃発

年齢	出来事	社会
17歳 大正8年 1919年	第一神戸中学卒業。ケンブリッジ大学クレア・カレッジに入学。その後、ベントレーとブガッティを購入し、カーレースに熱中。後の七世ストラッフォード伯爵ロバート・セシル・ビング（ロビン）と終生の親友に	●第一次世界大戦終結に関するパリ講和会議 ●朝鮮半島で三・一独立運動
23歳 大正14年 1925年	この年の冬、終生の親友であるロビンとともにジブラルタルを目指し、愛車ベントレーで旅に出る。ケンブリッジ大学卒業後は大学院へと進学	●治安維持法公布 ●東京六大学野球連盟発足
26歳 昭和3年 1928年	大学院では中世史を専攻するが、金融恐慌の煽りを受け父・文平の白洲商店が倒産。帰国を余儀なくされる。帰国後は東京の英字新聞社、ジャパン・アドバタイザーで記者として働く。この年に後の妻である樺山正子（18歳）と出会う	●昭和天皇の即位の礼の挙行
27歳 昭和4年 1929年	樺山正子と結婚。東京クラブにいた正子の父・愛輔に「お嬢さんをいただきます」と宣言しに向かった。次郎の父・文平から結婚祝いに贈られたランチア・ラムダで新婚旅行へ	●ニューヨーク証券取引所で株価が大暴落。世界恐慌の引き金に
29歳 昭和6年 1931年	赤坂氷川町の家にて長男・春正が生まれる。ケンブリッジ大学時代の友人との縁で、セール・フレーザー商会の取締役に就任。平均月給はおよそ80～90円だった当時、次郎の月給は５００円	●満州事変勃発 ●犬養毅内閣発足
35歳 昭和12年 1937年	日本食糧工業の取締役に就任。鯨油の輸出にかかわり、毎年イギリスへ赴く。英国大使であった吉田茂と親交を深めていき、ロンドンでは日本大使館の２階が常宿に	●第一次近衛内閣発足 ●トヨタ自動車工業設立 ●南京事件

年齢	年	出来事	社会の動き
38歳	昭和15年 1940年	戦中の食料不足を予見し、東京郊外の農家を探す。戦前から日米戦争を予言しており、1939年に外務省を辞していた吉田茂の「ヨハンセングループ（吉田反戦グループ）」として「昭和の鞍馬天狗」的活動を始める	●第二次近衛内閣発足 ●日独伊三国軍事同盟成立
41歳	昭和18年 1943年	神奈川県鶴川村に移住。武蔵と相模をかけて「武相荘」と名付ける。旧友の河上徹太郎や今日出海といった文士や農民たちと交流を深める。「カントリー・ジェントルマン」として中央の政治に目を光らせる	●ガダルカナル島から日本軍撤退 ●電力の使用規制開始 ●山本五十六大将戦死
43歳	昭和20年 1945年	外相吉田茂に頼まれ、「終戦連絡中央事務局」参与に就任。以後サンフランシスコ講和条約や「日本国憲法」の誕生にも立ち会う。GHQに対して互角に渡り合い、彼らに「従順ならざる唯一の日本人」として煙たがられる	●アメリカ軍が沖縄を占領 ●ドイツが無条件降伏 ●広島、長崎に原子爆弾投下 ●ポツダム宣言受諾 ●近衛文磨自殺
44歳	昭和21年 1946年	GHQ制作の憲法草案に対し「ジープウェイ・レター」を送り、検討する時間について説明。2名の外務省翻訳官と3日間で翻訳を行い日本国憲法改正草案要綱の発表にいたるまでの交渉をすることとなる	●極東国際軍事裁判開廷 ●第一次吉田内閣発足 ●アメリカがビキニ環礁で水爆実験
46歳	昭和23年 1948年	第二次吉田内閣でマッカーサーの指名もあり、貿易庁長官に任命。輸出強化のために商工省を解体して、通商産業省を誕生させるプランの中心的存在となる。在任は2ヵ月半ほど	●第二次吉田内閣発足 ●本田技研工業設立
47歳	昭和24年 1949年	吉田首相の特使として渡米。池田勇人大蔵相や宮澤喜一大蔵省秘書官とともにジョン・ダレスと会見、講和条約交渉にあたる。このころから「吉田の側近」として新聞雑誌にたびたび名前が登場する	●通商産業省発足 ●湯川秀樹が日本人初のノーベル物理学賞を受賞 ●中華人民共和国成立

49歳
昭和26年
1951年

1949年から進めていた電気事業再編成にかかわっており、東北電力会長に就任。サンフランシスコ講和条約調印のために吉田首相らと渡米。沖縄の早期返還を盛り込ませた

●永山時雄が通産省官房長に就任
●日本航空設立

50歳
昭和27年
1952年

吉田首相特使として欧米をめぐりロンドンで親友ロビンと再会。ほかにもストラッフォード伯邸やイートン校を訪問。かねてより会員だった軽井沢ゴルフ倶楽部の理事に就任

●日米安全保障条約発効
●血のメーデー事件発生

57歳
昭和34年
1959年

東北電力の会長を退任。以後荒川水力電気会長や大沢商会会長などを歴任するが、政財界の第一線からは身を退く。只見川の電源開発も一段落し、吉田茂も政界から引退をしたことでカントリー・ジェントルマンに戻る

●皇太子明仁親王と正田美智子さんが結婚

74歳
昭和51年
1976年

軽井沢ゴルフ倶楽部では常務理事に就任。英国風倶楽部を実現するためのマナーに厳しく、「プレイ・ファスト」を徹底させた

●ロッキード事件で田中角栄首相逮捕

80歳
昭和57年
1982年

ポルシェ911だけでなく、ベンツ、パブリカのピックという小型トラック、スバル4WDなどを80歳まで運転をしていた。トヨタのソアラ製作にもあえて苦言を手紙にしたためる

●モナコ公国グレース・ケリーが自動車事故死

83歳
昭和60年
1985年

妻・正子と京都へ旅行。素焼きの湯のみ200個に字を書く。帰宅後に体調を崩し、前田病院へと入院する。11月28日に死去、享年83。遺言書は「葬式無用戒名不用」の2行だけだった

●男女雇用機会均等法制定
●日本航空123便御巣鷹山に墜落

主要参考文献

牧山桂子『次郎と正子　娘が語る素顔の白洲家』（新潮社）／牧山桂子『次郎と正子の食卓』（新潮社）／牧山桂子『次郎と正子の夕餉』（新潮社）／牧山圭男『白洲家の日々　娘婿が見た次郎と正子』（新潮社）北康利『レジェンド　伝説の男　白洲次郎』／（朝日新聞出版）馬場啓一『白洲次郎のダンディズム〜なぜ男らしくありえたのか〜』（ぶんか社）／馬場啓一『白洲次郎の生き方』（講談社）／白洲次郎『プリンシプルのない日本』（新潮社）／白洲正子『白洲正子の世界』（平凡社）／白洲正子『白洲正子自伝』（新潮文庫）／白洲正子『遊鬼—わが師わが友 』（新潮文庫）／青柳恵介『風の男　白洲次郎』（新潮文庫）／勢古浩爾『白洲次郎的』（洋泉社）／白洲信哉『白洲次郎の青春』（幻冬舎）／『白洲次郎』（コロナ・ブックス／平凡社）／須藤孝光『白洲次郎 日本を復興させた男』（新潮社）／北康利『白洲次郎 占領を背負った男』（講談社）／青柳恵介『風の男 白洲次郎』（新潮文庫）／『白洲次郎の流儀』とんぼの本（新潮社）／北康利『白洲次郎・正子 珠玉の言葉』（講談社）

写真提供　武相荘

白洲次郎
100の言葉

（しらすじろう　ひゃくのことば）

2015年12月 3日　第1刷発行
2021年 5月25日　第5刷発行

編者　別冊宝島編集部
発行人　蓮見清一
発行所　株式会社宝島社
〒102-8388　東京都千代田区一番町25番地
電話：営業03(3234)4621／編集03(3234)0069
https://tkj.jp
振替　00170-1-170829　㈱宝島社
印刷・製本　サンケイ総合印刷株式会社

ISBN978-4-8002-4820-6